K.L.A.R.-STORYS

Petra Bartoli y Eckert

16 WEIHNACHTLICHE Kurzgeschichten zum Kopieren *mit Aufgaben*

Verlag an der Ruhr

Impressum

Titel
K.L.A.R.-Storys
16 weihnachtliche Kurzgeschichten zum Kopieren – mit Aufgaben

Autorin
Petra Bartoli y Eckert

Umschlagmotiv
Weihnachtsmarkt: © by Victoria Chudinova,
Reflexe: © by cgfcbntkm – beide Fotolia.com

Druck
Heenemann GmbH & Co. KG, Berlin, DE

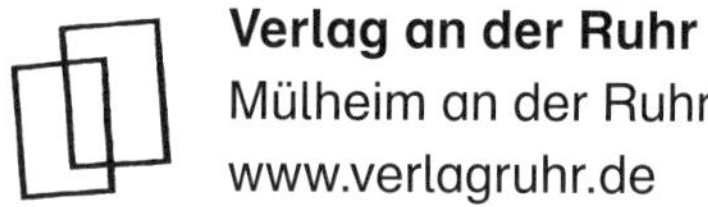

Geeignet für die Klassen 7–10

ISBN 978-3-8346-4216-5

Inhaltsverzeichnis

Vorwort

Liebe Lehrer*,

die Vorweihnachtszeit ist ein ganz besonderer Abschnitt im Jahr, der auch Jugendliche in seinen Bann zieht. Daneben sind Schüler aber mit alterstypischen Themen beschäftigt. Sie wollen nicht – nur – von schönen Adventsgeschichten unterhalten werden, sondern sich mit für sie relevanten Themen auseinandersetzen.

In diesem Heft finden Sie 16 Weihnachts-Storys, die den Nerv von Jugendlichen treffen, weil sie aus deren Lebenswelt stammen. Die vorweihnachtlichen Geschichten sind kompakt gehalten: Sie umfassen jeweils drei Seiten zum Kopieren.

Auf jede Geschichte folgt ein Arbeitsblatt mit Aufgaben
- zur inhaltlichen Erschließung,
- zum Gesamtverständnis und
- zum kreativen Weiterdenken.

Die Geschichten können ohne Vorbereitungszeit einfach in den Unterricht integriert werden und eignen sich deshalb auch gut für Vertretungsstunden. Sie können in der Vorweihnachtszeit nach und nach als Klassenritual oder spontan und einzeln eingesetzt werden.

Mit kurzen Sätzen, einfacher Wortwahl und großer Schrift orientieren sich die 16 Weihnachts-Storys am bewährten K.L.A.R.-Prinzip. Besonders geeignet sind die zum Nachdenken und Diskutieren anregenden Geschichten für leseschwache Schüler, die Probleme mit der Texterschließung haben.

Falls Sie nach dem Lesen der kurzen Geschichten intensiver auf jugendrelevante Themen eingehen wollen und eine ganze Lektüre dazu mit Ihrer Klasse erarbeiten möchten, finden Sie in den Medientipps am Ende des Buches und im Online-Shop unter www.verlagruhr.de viele verschiedene K.L.A.R.-Taschenbücher zu aktuellen Themen mit jeweils passenden Literatur-Karteien.

Ich wünsche Ihnen und Ihren Schülern besinnliche Momente im Advent sowie viel Spaß mit den K.L.A.R.-Weihnachts-Storys und anregende Unterrichtsgespräche!

Petra Bartoli y Eckert

---

* Aus Gründen der besseren Lesbarkeit haben wir in diesem Buch durchgehend die männliche Form verwendet. Natürlich sind damit auch immer Frauen und Mädchen gemeint, also Lehrerinnen, Schülerinnen usw.

Themenübersicht

Von wegen Frieden auf Erden | 1/3

Die gesamte Wohnung duftete nach Plätzchen. Ma werkelte schon seit zwei Stunden in der Küche. Yannik hatte ihr erst geholfen. Dann hatte er sich mit einem Comic ins Wohnzimmer verkrümelt. Gerade überlegte Yannik, ob er sich mal in der Küche einen Keks holen sollte. Da klingelte es an der Wohnungstür.
„Schaust du mal, wer es ist?“, rief Yanniks Mutter aus der Küche.
Yannik wusste genau, wer vor der Tür stand. Bestimmt war es Dad. Gestern hatte er geschrieben, dass er heute vorbeikommen würde. Yannik hatte gehofft, sein Vater hätte den Besuch wieder vergessen. Was ja ziemlich oft vorkam. Sonst war es immer echt cool, wenn er außer der Reihe mal antanzte. Das passierte selten genug. Seit seine Eltern sich vor ein paar Jahren getrennt hatten, bekam Yannik seinen Vater kaum zu Gesicht. Aber diesmal wünschte er sich, an der Tür wäre der Kaminkehrer oder die Paketbotin. Mühsam erhob Yannik sich von der Couch und schlurfte zur Wohnungstür.

„Na, mein Großer“, lachte Dad und klopfte ihm auf die Schulter.
Yanniks Mutter kam aus der Küche.
„Was willst du?“, fragte sie und verschränkte die Arme.
Yannik stand genau zwischen Ma und Dad.
„So ist das irgendwie immer“, murmelte er und zog den Kopf ein.
Aber seine Eltern beachteten ihn gar nicht.
Dad betrat die Wohnung.
„Ich kann mich nicht daran erinnern, dass ich dich hereingebeten habe“, fauchte Yanniks Mutter.
Sein Vater ignorierte das einfach. „Wir müssen reden“, sagte er stattdessen.
Ma schnaubte. Sie drehte sich wortlos um und ging zurück in die Küche. Dad folgte ihr.

Yannik machte ein paar Schritte Richtung Küchentür, blieb aber im Türrahmen stehen. Er konnte sich ja denken, was jetzt kam. Bestimmt das gleiche Theater wie letztes Jahr.
Und prompt legte Dad los: „Ich möchte gerne, dass Yannik morgen zu mir kommt.“
„Morgen ist Weihnachten“, sagte Yanniks Mutter. Ihre Stimme klang ungeduldig. So hörte sie sich auch an, wenn Yannik mit einer miesen Note nach Hause kam. Oder wenn er mal wieder vergessen hatte, den Müll rauszubringen.
„Genau. Weihnachten steht vor der Tür. Und ich möchte dieses Jahr mit meinem Sohn feiern“, erwiderte Yanniks Vater.
Yannik merkte genau, wie viel Mühe es ihn kostete, freundlich zu klingen.
Ma schüttelte den Kopf. „Das geht nicht. Yannik bleibt hier. Wir feiern zusammen. Wie jedes Jahr.“
„Du sagst es: Bisher hat Yannik jedes Weihnachten mit dir gefeiert. Darum feiert er dieses Jahr mit mir. Weihnachten ist ein Familienfest. Und ich gehöre schließlich auch zur Familie.“
Yannik merkte, wie es in seinem Bauch zu grummeln anfing. Die beiden redeten über ihn, als wäre er Luft. Noch so ein Spruch und er würde ausflippen!
„Da täuschst du dich. Sonst kümmerst du dich doch auch einen Dreck um deinen Sohn. Und bloß weil Weihnachten ist,

ISBN 978-3-8346-4216-5 | www.verlagruhr.de

erinnert sich der gnädige Herr, dass er …", legte Ma los. Weiter kam sie nicht. Denn jetzt reichte es Yannik!
„Hallo?!", rief er und ging einige Schritte in die Küche.
Wieder stand er genau zwischen seinen Eltern. Er blickte von seiner Mutter zu seinem Vater.
„Hallo, ich bin hier! Ihr redet über mich, als wäre ich ein Stuhl oder so. Und ihr überlegt, wo ihr ihn hinschieben sollt", platzte es aus ihm heraus. Yannik funkelte seine Eltern wütend an.

„Siehst du, was du angerichtet hast", zischte Ma und wollte Yannik einen Arm um die Schultern legen.
Aber Yannik schüttelte ihn einfach ab.
„Habt ihr euch eigentlich mal gefragt, was ich will?", schrie Yannik und seine Stimme hörte sich schrill an.
Dad wischte sich mit der Hand über den Nacken. Das tat er immer, wenn er im Stress war. Anscheinend fand er das Gespräch ziemlich anstrengend. Doch Yannik war das egal. Er war jetzt so richtig in Fahrt!
„Ihr könnt nicht einfach so über mich entscheiden!", rief er.
Yannik schlängelte sich zwischen seinen Eltern durch und ging zur Küchentür.
„Dann sag doch, wo du Weihnachten feiern willst", sagte Dad zu seinem Rücken.
Yannik drehte sich nicht um, sondern ging einfach weiter.
„Ja, lassen wir ihn doch selbst entscheiden, wo er Weihnachten lieber verbringen will", hörte er Ma sagen.
Was sie sich noch einfallen ließen, hörte Yannik nicht mehr. Als er im Flur war, fing er an, zu laufen. Er wollte nur noch weg hier! Yannik hastete in sein Zimmer. Krachend ließ er die Zimmertür ins Schloss fallen. Endlich Ruhe! Yannik atmete auf. Aber da hatte er sich leider zu früh gefreut. Kaum hatte er sich auf sein Bett fallen lassen, klopfte es auch schon an der Tür. Bevor Yannik noch „Nein!" rufen konnte, wurde sie auch schon geöffnet.
„Yannik, sag doch mal: Wo willst du denn gerne Weihnachten verbringen?", flötete Ma, die ihren Kopf durch den Türspalt gesteckt hatte.
Yannik sagte gar nichts.
„Du wolltest doch selbst entscheiden. Dann mach das bitte auch", sagte sie.
„Ich hab mir was richtig Schönes für ein echtes Männerweihnachten überlegt", hörte Yannik seinen Vater aus dem Flur her rufen.
Ma fuhr herum. „Ach, du meinst wohl, dass die letzten Jahre Weihnachten für Yannik nicht schön waren? Weil er mit mir gefeiert hat, oder was?", schrie sie.

„Raus!", brüllte Yannik und sprang aus dem Bett. Er schob seine Mutter nach draußen und drückte die Zimmertür zu. Dann ließ er sich auf den Boden gleiten und lehnte seinen Rücken gegen die Tür. Waren seine Eltern jetzt total übergeschnappt? Yanniks Herz raste. Am liebsten hätte er irgendetwas kaputt gemacht. Er ballte seine Hände zu Fäusten. Durch die Tür drangen die Stimmen seiner Eltern. Aber sie redeten jetzt so leise miteinander, dass er kein Wort

ISBN 978-3-8346-4216-5 | www.verlagruhr.de

verstand. War wahrscheinlich auch besser so! Langsam beruhigte er sich wieder. Yannik schloss die Augen. Morgen war Weihnachten. Wie wollte er eigentlich feiern? Und vor allem: mit wem? So eine Scheiße! Egal, für wen er sich entscheiden würde, irgendwer war sauer oder enttäuscht. Und er war dann schuld daran. Darauf hatte er echt keinen Bock. Jetzt wurden die Stimmen im Flur wieder lauter.
„Egoistisch", hörte er ein Wort durch die Tür. Und: „Erpressung."
So hatte sich Yannik Weihnachten nicht vorgestellt. Aber wie dann? In seinem Kopf fuhren die Gedanken Achterbahn.

Das „Pling" seines Handys unterbrach Yanniks Grübelei. Er fischte das Telefon aus seiner Hosentasche. Eine neue Nachricht von Kerem.
„Heute noch Lust auf Zocken?"
Schlagartig besserte sich Yanniks Laune. Die Frage seines besten Freundes kam genau zum richtigen Zeitpunkt. Bestimmt hatte Kerem einen ganz gechillten Nachmittag. Ohne Weihnachtsstress. Seine Familie feierte Weihnachten nicht. Sie waren Muslime und hatten andere Feste. Plötzlich wusste Yannik genau, was er wollte! Er überlegte gar nicht lange, sondern tippte mit fliegenden Fingern eine Nachricht an Kerem. Die war ausnahmsweise ziemlich lang. Dann drückte er auf „Senden". Keine Minute später hatte er eine Antwort.
„Yes!", rief Yannik und ließ seine Faust nach oben sausen.
Dann rappelte er sich hoch.
Er schnappte sich seinen Schulrucksack und kippte den Inhalt neben dem Schreibtisch aus. Er stopfte einen Pulli, eine Jeans, Socken und Unterwäsche hinein. Nur noch die Zahnbürste, dann war alles komplett. Yannik öffnete die Tür. Seine Eltern standen immer noch im Flur und zischten sich an. Als er an ihnen vorbei ins Bad ging, verstummten sie. Yannik kam mit der Zahnbürste in der Hand wieder zurück. Vor seinen Eltern blieb er stehen.
„Ich weiß jetzt, wie ich Weihnachten verbringen möchte", sagte er und klang dabei ruhig und gelassen.
Gespannt sahen Ma und Dad ihn an. Sicher hoffte jeder von ihnen, dass sich Yannik für ihn entschieden hatte. Aber da musste er seine Eltern leider enttäuschen.
„Ich feiere dieses Jahr mit keinem von euch. Ich feiere nämlich gar nicht Weihnachten. Ich gehe zu Kerem und übernachte bei ihm."
Yannik wartete gar nicht erst auf eine Antwort seiner Eltern. Er sprintete in sein Zimmer, packte die Zahnbürste oben auf seine Klamotten und schulterte den Rucksack. Weihnachten konnte kommen! Ein friedliches Nicht-Weihnachten. Genau das, was Yannik jetzt brauchte.

ISBN 978-3-8346-4216-5 | www.verlagruhr.de

Von wegen Frieden auf Erden: Aufgaben

Inhaltliche Erschließung

1. In der Geschichte möchten beide Elternteile von Yannik, dass er Weihnachten mit ihnen verbringt. Welche Argumente haben seine Mutter und sein Vater jeweils? Suche sie im Text und trage sie in eine Tabelle ein.
2. Warum will Yannik sich nicht entscheiden, ob er mit seiner Mutter oder mit seinem Vater Weihnachten feiert? Beschreibe Yanniks Gedanken in einem kurzen Text.
3. Yannik beschließt, seinen Freund Kerem zu fragen, ob er an Weihnachten zu ihm kommen kann. Wie könnte seine Textnachricht an Kerem lauten? Schreibe sie auf.

Gesamtverständnis

1. Yannik findet, dass er genau zwischen seinen Eltern steht. Wie meint er das? Welche Erfahrungen könnte er gemacht haben? Sprecht in der Klasse darüber.
2. Bildet Kleingruppen und versetzt euch in Yanniks Situation. Wie hättet ihr reagiert? Welche Lösung hätte Yannik noch finden können? Erstellt Mindmaps und stellt sie der Klasse vor.
3. Kennt ihr eine Familienkonferenz? Dort treffen sich alle Familienmitglieder etwa einmal in Monat. Sie besprechen gemeinsam wichtige Themen, die alle betreffen. Vereinbarungen werden aufgeschrieben und gelten für alle. Könnte das Yanniks Familie helfen? Diskutiert in der Klasse darüber.

Weiterführende Aufgaben

1. Recherchiere im Internet: An welche Organisationen kann man sich als Kind von getrennten Eltern wenden, wenn man Fragen hat oder Hilfe braucht? Erstelle eine Übersicht.
2. Wie könnten Yanniks Eltern am Ende der Geschichte reagieren? Wie verläuft Yanniks Weihnachten dann tatsächlich? Schreibe die Geschichte weiter.
3. Führe ein Interview mit einem Mitschüler. Frage nach: (Wie) feierst du Weihnachten? Gibt es (noch) andere wichtige Feiern in eurer Familie? Stellt eure Ergebnisse in der Klasse vor.

ISBN 978-3-8346-4216-5 | www.verlagruhr.de

Und plötzlich kennt jeder deinen Namen | 1/3

Shayan sah wie hypnotisiert auf ihre Armbanduhr. Es war höchste Zeit. In einer Stunde sollte das Nikolausturnier ihres Basketballvereins losgehen. Und wenn sie pünktlich sein wollte, musste sie jetzt los. Oder sie blieb gleich zu Hause. Vielleicht war das gar keine so schlechte Idee. Wenn sie nicht zum Turnier gehen würde, dann könnte sie auch niemand wie Luft behandeln.
Seit zwei Monaten war Shayan schon in der U15-Mannschaft des Sportclubs. Basketballspielen fand sie auch wirklich super. Shayan warf einen Blick auf das Poster von Dirk Nowitzki im Trikot der Dallas Mavericks. Davon träumte Shayan. Von Amerika. Sie wollte dorthin – als Profi-Basketballspielerin. Sie wollte in der Damen-NBA spielen. Das war die beste Basketball-Liga für Frauen auf der ganzen Welt. Doch bis dorthin hatte sie noch einen langen Weg vor sich.

Aber immerhin hatte Shayan den ersten Schritt gemacht: Sie übte nicht mehr nur allein beim kaputten Korb hinter dem Jugendzentrum. Sie spielte jetzt im Verein. Das hatte sie sich allerdings anders vorgestellt. Sechs Mal war sie mittlerweile beim Training gewesen. Bei zwei Spielen hatte sie als „Center“ mitgespielt. Ihre Aufgabe war es gewesen, als größte Spielerin nahe beim Korb zu stehen und möglichst viele Treffer zu landen. Das hatte sie auch gut hinbekommen. Ihre Mannschaft hatte beide Spiele gewonnen und Shayan hatte insgesamt 42 Punkte erzielt. Trotzdem gab es etwas, das sie total nervte: Niemand in der Mannschaft konnte sich ihren Namen merken. Sie wurde immer nur mit „He!“ oder „Du!“ gerufen. Manchmal nannte sie Holger, der Trainer, auch „die Neue“.

„Das Nikolausturnier ist eine Veranstaltung, die echt Spaß macht. Da kommen alle Mannschaften des Vereins zusammen. Aus allen Altersklassen: von den Kleinen bis zu den Herren- und Damenteams. Die Mannschaften für das Turnier werden durchgemischt“, hatte Holger beim letzten Training erklärt. „Dazwischen gibt es Lebkuchen und Punsch. Vor den Turnierspielen werden ein paar lustige Aufwärmspiele gemacht. Das ist immer eine richtig coole Sache.“
Hoffentlich stimmte das auch. Shayan seufzte, rollte sich aus dem Bett und schnappte sich ihre Sporttasche. Dann verließ sie die Wohnung. Sie fuhr drei Stationen mit dem Bus und trottete in die Umkleidekabine. Zwei Frauen, die Shayan einmal beim Damentraining gesehen hatte, standen schon umgezogen an der Tür zur Halle. Sie drehten sich um, als Shayan eintrat.
„Bestimmt eine Neue“, raunte eine Frau der andern zu.
Das ging ja gut los! Hastig zog Shayan ihre Basketballsachen an. Dann drückte sie sich an den beiden Frauen vorbei in die Halle. Hier war richtig viel los! Unter einem der Körbe entdeckte sie einige Mädchen aus ihrer Mannschaft. Auf der anderen Seite der Halle standen die Männer der Herrenmannschaft. Die meisten von ihnen waren sicher an die zwei Meter groß. Shayan grinste:

ISBN 978-3-8346-4216-5 | www.verlagruhr.de

Und plötzlich kennt jeder deinen Namen | 2/3

Einige Spieler trugen rote Nikolausmützen. Es wurde gekichert, gequatscht und Basketbälle wurden mit dumpfem „Blong“ auf den Boden geprellt. Zögernd ging Shayan zu den Mädchen ihres U15-Teams.
„Hallo Ranja, hallo Caro“, grüßte sie die beiden, die sich nach ihr umgedreht hatten.
„Hallo … äh … Susann“, sagte Ranja.
„Shayan, ich heiße Shayan“, half Shayan ihr auf die Sprünge. Aber Ranja beachtete sie nicht weiter, sondern drehte sich wieder zu Caro.

„Bevor wir die Mannschaften für das Nikolausturnier auslosen, spielen wir alle zusammen ein Aufwärmspiel“, ertönte eine laute, tiefe Stimme. Holger, Shayans Trainer, hatte das Wort ergriffen. Das Stimmengemurmel ebbte ab. Alle sahen zu Holger, der sich in den Mittelkreis gestellt hatte. „Wir spielen Shoot-out. Stellt euch mal alle hintereinander bei der Freiwurflinie auf.“
Die Grüppchen in der Halle lösten sich auf. Stattdessen bildete sich eine lange Schlange mit Blick auf den Korb. Shayan stand ganz vorn, gleich hinter einem der Herrenspieler. Holger schnappte sich zwei Basketbälle und gab sie an Shayan und den Mann weiter.
„Die Regeln von Shoot-out gehen so: Breiti beginnt.“ Holger zeigte auf den Mann. „Er versucht, den Korb zu treffen. Sobald er geworfen hat, darf auch … also äh … Sonja werfen“, sagte Holger und deutete auf Shayan.
„Ich heiße Shayan“, sagte Shayan und bemühte sich, laut zu sprechen. Ihre Stimme hallte durch die Sporthalle. Sie klang ärgerlich.
Holger nickte. Dann erklärte er weiter. Die Regeln von Shoot-out waren ein bisschen wie die Reise nach Jerusalem. Wer nicht traf, schied aus. Wer traf, durfte weitermachen. Man stellte sich dann wieder ganz hinten in die Reihe und kam später erneut dran. Shayan hatte das Wichtigste kapiert.

Dann ging das Spiel los. Dieser Breiti warf in Richtung Korb. Noch während sein Ball in der Luft war, warf Shayan. Breiti hatte kein Glück. Sein Ball prallte am Ring des Korbes ab und ging ins Aus. Doch Shayans Wurf war perfekt. Treffer! Mit vor Freude roten Wangen stellte sie sich hinten in die Reihe. Die Frau vor ihr drehte sich um. „Gut gemacht, Shayan! Breiti rauszuwerfen, war eine tolle Leistung. Ich bin übrigens Anna“, sagte sie.
„Danke“, murmelte Shayan. Wow! Sie konnte es kaum glauben. Nicht nur, dass sie für ihren Wurf gelobt worden war. Die Frau hatte sich sogar ihren Namen gemerkt.
Nach und nach bewegte Shayan sich mit der Schlange wieder in Richtung Korb. Immer mehr Mädchen und Jungs, Frauen und Männer schieden aus. Als Shayan erneut an der Reihe war, atmete sie tief durch und versuchte, sich zu konzentrieren. In genau dem richtigen Bogen flog ihr Ball zum Korb – und traf. Wieder hatte Shayan ihren Gegner, diesmal einen Jungen, rausgeschmissen!
„Shayan, klasse gemacht“, rief ihr jemand zu. Shayan spähte zur Seite. Holger, der Trainer, hob einen Daumen und grinste.

© Verlag an der Ruhr | Petra Bartoli y Eckert |
ISBN 978-3-8346-4216-5 | www.verlagruhr.de

Und plötzlich kennt jeder deinen Namen | 3/3

Etwa zehn Minuten später war die lange Schlange vor dem Korb zu einer kleinen Gruppe zusammengeschrumpft. Alle anderen standen am Rand des Spielfeldes und verfolgten das Shoot-out. Dann ging alles ganz schnell. Wieder flogen zwei Spieler raus. Shayan schaffte es Runde für Runde weiter. Am Ende standen nur noch sie und ein Mann, den alle Gerd nannten, in der Endrunde. Dieser Gerd rückte gerade die Nikolausmütze, die er trug, auf dem Kopf zurecht. Shayans Herz klopfte bis zum Hals. Sie nahm alle Menschen in der Halle nur verschwommen war. Vor ihren Augen waren nur der Ball in der Hand und der Korb vor ihr scharf gestellt. Sie war an der Reihe. Gerd stand hinter ihr und wartete auf ihren Wurf. Shayan hob den Basketball über ihren Kopf. Plötzlich hörte sie Stimmen. Viele Stimmen.
„Shayan! Shayan! Shayan!", riefen die Ausgeschiedenen in der Halle im gleichen Takt. Alle meinten sie! Und auf einmal kannten alle ihren Namen! Shayan zielte. Der Basketball flog in Richtung Korb. Sofort hatte auch Gerd geworfen. Beide Bälle waren gleichzeitig in der Luft. Da streifte Gerds Ball den von Shayan. Dadurch veränderte Shayans Basketball die Richtung. Gerds Ball traf. Shayans Ball klatschte an das Brett, an dem der Korb hing. Gerds Ball landete ohne Ringberührung im Korb. Der Sieger des Shoot-out stand fest: Es war Gerd.

Shayan war kein bisschen enttäuscht. Im Gegenteil. Sie war Zweite geworden. Das war Wahnsinn! Gerd kam zu ihr und grinste. „Du hast dich super geschlagen, Shayan", gratulierte er ihr. Dann nahm er seine Nikolausmütze ab.
„Hat jemand einen schwarzen Stift dabei?", rief er durch die Halle.
Holger griff in seine Trainingstasche und fischte einen Filzer heraus. Den reichte er Gerd.
„Shayan. 2. Platz im Shoot-out", schrieb Gerd auf die weiße Stoffkrempe der Mütze. Dann reichte er sie an Shayan weiter.
„Dein Preis", sagte er lachend und verbeugte sich.
Shayan kicherte. Sie setzte sich die Mütze auf und sah sich um. Es war mucksmäuschenstill in der Halle.
„Herzlichen Glückwunsch an Gerd. Und natürlich an die zweite Siegerin: unsere Jugendspielerin Shayan", tönte Holgers Stimme durch die Halle.
Alle Spieler des Sportclubs sahen sie an. Die meisten klatschten. Andere nickten ihr zu.
„Und jetzt kommen wir zum eigentlichen Turnier. Ich werde die Mannschaften auslosen", informierte Holger alle Anwesenden.
Schon setzte wieder ein Gemurmel ein. Die Mädchen aus Shayans U15-Team kamen herüber.
„Echt cool, Shayan", flüsterte Ranja ihr zu.
„Ja, Shayan", meinte Caro.
Beide klatschten sie ab. Das hatten sie noch nie gemacht. Shayan grinste. Gut, dass sie zum Nikolausturnier gekommen war! Wie das eigentliche Turnier ausging, war ihr gar nicht mehr wichtig. Viel wichtiger war, dass sie jetzt alle im Verein kannten. Und sogar ihren Namen wussten. Das war ein bisschen wie vorgezogene Weihnachten!

Und plötzlich kennt jeder deinen Namen: Aufgaben

Inhaltliche Erschließung

❶ Beantworte die folgenden Fragen schriftlich:

a) Welchen Sport macht Shayan?
b) Wie lange spielt sie schon im Verein?
c) Wie heißen der Verein und die Mannschaft, für die Shayan spielt?
d) Wer ist Shayans sportliches Vorbild?
e) Warum will Shayan nicht zum Nikolausturnier gehen?
f) Wann ändert sich Shayans Stimmung? Woran liegt das?

❷ Wie wird Shayan im Laufe der Geschichte von den anderen genannt? Unterstreiche alle Bezeichnungen im Text.

❸ Finde für jeden Abschnitt der Geschichte eine passende Überschrift und schreibe sie auf.

Gesamtverständnis

❶ Am Ende der Geschichte fühlt sich Shayan, als ob vorgezogene Weihnachten wäre. Was ist damit gemeint? Was hat zu diesem Gefühl beigetragen? Sprich mit einem Partner darüber.

❷ Irgendwo „der Neue“ oder „die Neue“ zu sein, ist schwierig. Wie fühlt sich Shayan am Anfang und am Ende der Geschichte? Notiere passende Adjektive.

❸ Welche Aussage passt am besten zur Geschichte? Kreuze an:

☐ Aller Anfang ist schwer.

☐ Kämpfe für das, was du willst.

☐ Streng dich an, dann wirst du gemocht.

☐ Steh für dich ein, wenn du ungerecht behandelt wirst.

Warum findest du diese Aussage am passendsten? Welche anderen Aussagen wurden gewählt? Diskutiert in der Klasse darüber.

Weiterführende Aufgaben

❶ Was kann dabei helfen, schnell einen Platz in einer neuen Gruppe zu finden? Was hast du schon einmal ausprobiert? Was hat gut geklappt? Sammelt in Partnerarbeit Ratschläge und notiert sie in Stichpunkten. Stellt sie anschließend der Klasse vor.

❷ Treibst du Sport oder hast du ein anderes Hobby? Was macht dir daran Spaß? Notiere Stichpunkte und übe einen kurzen Vortrag ein. Stelle deine Sportart oder dein Hobby der Klasse vor.

ISBN 978-3-8346-4216-5 | www.verlagruhr.de

Das beste Geschenk | 1/3

In zwei Wochen war Weihnachten. Paula zerbrach sich nun schon über eine Stunde lang den Kopf darüber, was sie wem schenken sollte. Und je länger sie nachdachte, umso mehr sank ihre Laune in den Keller. Als sie noch klein war, war alles ganz einfach gewesen: Mama, Papa und ihre Omas und Opas bekamen ein selbstgemaltes Bild. Oder etwas Gebasteltes. Und ihr Bruder Tim hatte gar nichts bekommen. Denn der hatte schließlich noch an den Weihnachtsmann geglaubt. Aber diese Zeiten waren vorbei. Paula musste sich etwas Richtiges einfallen lassen. Sie fischte ihre Geldbörse aus der Schultasche. 13 Euro und 23 Cent. Na toll! Wie sollte sie mit diesen paar Kröten Geschenke kaufen? Paula seufzte. Sie beschloss, erst mal in die Stadt zu gehen. Vielleicht würde sie ja doch noch etwas finden, das kaum Geld kostete.

In der Fußgängerzone war die Hölle los. Überall drängten sich Leute in die Läden. Andere kamen voll bepackt mit Tüten wieder heraus. In den Schaufenstern hingen riesige Schilder: „Weihnachtsangebot", „Sale", „Rabatte". Paula warf einen Blick auf das grüne Tuch in der Auslage des Modeladens. Das wäre was für Mama. Paula starrte ungläubig auf das Preisschild. 25 Euro! Hatten die einen Knall? Genervt lehnte sie sich an die Hausmauer neben der Ladentür.
„Hallo? Geht es dir nicht gut?", hörte sie plötzlich eine Stimme. Paula sah sich um. Es dauerte einige Augenblicke, bis sie feststellte, dass die Stimme von unten kam. Einen Meter neben ihr saß eine Frau auf einer speckigen Decke auf dem Boden. Vor ihr stand ein leerer Coffee-to-go-Becher. Die Frau hatte eine verfilzte Bommelmütze auf dem Kopf. Ihr Oberkörper steckte in einer Jacke, aus der an einigen Stellen das Futter quoll. Sie sah, freundlich lächelnd, zu Paula hoch. Paula sah angestrengt in eine andere Richtung. Was wollte die denn von ihr?
„Siehst aus, als hättest du gerade Stress", ließ die Obdachlose nicht locker.
Paula schüttelte genervt den Kopf. Am besten ging sie einfach schnell weiter!
„Hast du vielleicht einen Euro übrig?", fragte sie dann, als Paula sich von der Wand abstieß.
Sie hatte keine Lust, sich anschnorren zu lassen. Aber die Frau gab nicht so schnell auf.
„War ja nur eine Frage", wandte sie sich wieder an Paula.
Paula drehte sich um. „Nein, ich habe keinen Euro übrig. Ich bräuchte selbst Kohle."
„Wozu brauchst du denn Geld?", fragte die Obdachlose.
Paula sah sie überrascht an. Sie klang ehrlich interessiert. Der Gedanke, kaum Geld für Geschenke zu haben, kreiste und kreiste in Paulas Kopf. Paula merkte plötzlich, dass sie gerne mit jemandem darüber reden würde.
„Ich muss noch Geschenke für meine Familie kaufen. Aber alles ist so teuer", erklärte sie deshalb. Ausgerechnet einer Wildfremden. Einer Frau, die vermutlich ganz andere Sorgen hatte. Tatsächlich lachte die Frau laut auf. Dann nickte sie.
„Klar. Alle kaufen und kaufen. Schau sie dir

an“, murmelte sie und deutete vage auf die Passanten, die vorbeieilten. Ja, genau! Und Paula musste auch dringend etwas besorgen. Aber das verstand eine Obdachlose bestimmt nicht.

Gerade als Paula sich entschieden hatte, das Gespräch zu beenden und weiterzugehen, blieben zwei Jungen vor ihr und der Frau stehen. Sie waren etwa in Paulas Alter und warfen der Frau auf dem Boden einen verächtlichen Blick zu.
„Guck dir die Pennerin an. Echt widerlich!“, raunte der größere der beiden dem anderen zu. Der kleinere kickte gegen den Pappbecher der Frau. Der Becher kippte um und einige Münzen kullerten auf den Gehweg. Das war ja wohl das Letzte! Die Obdachlose war nett. Und sie hatte niemandem etwas getan!
„He, spinnt ihr? Lasst die Frau in Ruhe!“, rief Paula wütend.
Die Jungen fingen prustend an, zu lachen. Dann rannten sie weg.
„Idioten!“, schrie Paula ihnen hinterher. Dann ging sie in die Hocke und sammelte das Geld auf. Sie griff nach dem Becher und legte die Münzen hinein. Dann stellte sie ihn wieder vor die Frau und stand auf.
„Danke!“ Die Obdachlose lächelte Paula an, rutschte ein Stück und machte etwas von der Decke frei. Mit einer Hand klopfte sie neben sich. Paula zögerte.
„Ich tu dir nichts. Kannst dich ruhig zu mir setzen. Ich bin übrigens Margret“, sagte die Frau heiser.
Paula blieb lieber stehen. „Ich bin Paula.“
Margret nickte. „Und du brauchst Geld?“
Paula wusste selbst nicht genau, wieso sie das alles dieser Frau erzählte, die sie ja nicht mal kannte. Aber irgendwie sprudelte es nur so aus ihr heraus. Dass sie beinahe pleite war. Und dass sie nicht den blassesten Schimmer hatte, was sie überhaupt kaufen sollte. Noch dazu mit ihren paar lächerlichen Kröten.
Margret deutete mit dem Kopf zu ihrem Coffee-to-go-Becher. „Ich könnte auch Geld brauchen.“
Paula musterte die Frau. Wollte sie sich Bier oder so kaufen? Tranken nicht alle Leute, die auf der Straße lebten, Alkohol in rauen Mengen? Paula schnupperte. Nach Alkohol roch die Frau allerdings nicht.
„Ich kaufe keine Weihnachtsgeschenke. Hab auch niemanden, dem ich etwas schenken könnte“, murmelte Margret. Plötzlich sah sie ganz traurig aus, fand Paula. Dann schüttelte Margret ihre Schultern. So, als würde sie das miese Gefühl einfach abschütteln. Stattdessen sagte sie: „Aber ein heißer Kaffee, das wäre jetzt schön.“

Paula zog ihre Geldbörse aus der Hosentasche und wandte sich zum Gehen.
„Was machst du denn, Mädchen?“, fragte Margret.
„Ich hol uns was zu trinken. Dafür reicht mein Geld auf alle Fälle“, erwiderte Paula und lief in das Café gegenüber. Kurz darauf kam sie mit zwei dampfenden Bechern wieder. Einen heißen Kakao für sie. Und einen Kaffee mit Milch und Zucker für Margret. Jetzt setzte sich Paula doch auf das Stückchen Decke neben der Frau. Sie

ISBN 978-3-8346-4216-5 | www.verlagruhr.de

reichte Margret den Becher und nippte vorsichtig an ihrer heißen Schokolade.
„Der ist echt für mich?“, fragte Margret ungläubig.
„Klar. Ist ein verfrühtes Weihnachtsgeschenk“, grinste Paula.
Dann saßen die beiden eine Weile schweigend nebeneinander und schlürften aus ihren Bechern.

„Das hier ist viel besser als irgendein teurer Mist“, sagte Margret plötzlich und kippte die letzten Tropfen aus ihrem Becher auf den Boden. Dann zog sie ihren Pulliärmel unter der Jacke hervor und wischte den Becher aus.
„Für später“, erklärte sie und stopfte sich den Pappbecher in die Jackentasche.
„Wieso?“, fragte Paula verständnislos.
„Na, wenn der andere Becher kaputtgeht, dann habe ich noch einen Ersatzbecher“, meinte Margret.
„Nein, ich meine, wieso war das viel besser als etwas Teures?“, wollte Paula wissen.
Margret lachte. „Ist doch logisch: Du hast mir mit einem Kaffee eine Freude gemacht. Und jetzt verbringst du sogar Zeit mit mir. Kommt nicht gerade oft vor, dass sich jemand mit mir unterhält. Das kannst du mir glauben.“
Paula fühlte sich ertappt und guckte angestrengt ihre Schuhe an. Sie hatte sich tatsächlich noch nie vorher mit einer Obdachlosen unterhalten.
„Weißt du, alle geben Geld aus für Kram, den ohnehin niemand braucht. Aber Zeit hat heute niemand mehr“, flüsterte Margret.
Paula dachte über die Worte nach.
Wahrscheinlich brauchte Mama gar kein neues Tuch. Sie hatte Unmengen Tücher im Schrank.
„Zeit für andere. Zeit zum Reden. Zeit, um sich um andere zu kümmern. Das sind die besten Geschenke“, sprach Margret weiter.

Plötzlich wusste Paula es. Genau das würde sie dieses Jahr verschenken! Für jeden einen Zeitgutschein. Dazu musste sie sich vorher allerdings noch einige Gedanken machen. Für wen sie sich wie Zeit nehmen wollte. Und dann ein paar schöne Gutscheine machen. Vielleicht am PC. Mit toller Umrandung und so. Für ein paar richtig schöne Briefumschläge müsste ihr Geld noch reichen.
„Hallo? Warum sagst du denn gar nichts mehr? Habe ich etwas Falsches gesagt?“, fragte Margret.
Paula sprang auf. „Im Gegenteil. Das war genau das Richtige!“, rief sie und lachte.
„Gern geschehen“, grinste Margret.
„Ich muss los. Willst du meinen Becher auch noch haben?“, fragte Paula und hielt Margret ihren leeren Kakaobecher hin.
Margret griff danach und fing an, ihn sauber zu wischen. Paula hob zum Abschied die Hand und ging los.
„Kommst du mal wieder vorbei, Mädchen?“, rief Margret ihr nach.
„Na klar. Bestimmt hab ich bald wieder mal Zeit für einen Kaffee und eine heiße Schokolade oder so“, versprach Paula.
„Das geht dann aber auf mich“, meinte Margret, schüttelte den Becher mit den Münzen und rückte ihre Bommelmütze zurecht.

ISBN 978-3-8346-4216-5 | www.verlagruhr.de

Das beste Geschenk: Aufgaben

Inhaltliche Erschließung

❶ Bringe die Sätze in die richtige Reihenfolge. Nummeriere die Ereignisse von 1 bis 9:

- [ ] Die Frau wird von zwei Jungen angepöbelt.
- [ ] Paula hat endlich eine Idee, was sie zu Weihnachten verschenken wird.
- [ ] Paula erzählt der Frau, dass sie kein Geld für Weihnachtsgeschenke hat.
- [ ] Paula geht in die Stadt, um vielleicht für wenig Geld Weihnachtsgeschenke zu finden.
- [ ] Paula setzt sich für die Frau ein und verjagt die beiden Jungen.
- [ ] Paula lädt Margret auf einen Kaffee ein.
- [ ] Paula wird von einer Obdachlosen angesprochen.
- [ ] Paula will erst weitergehen, spricht dann aber doch mit der Frau.
- [ ] Margret erzählt Paula, was für sie die besten Geschenke sind.

❷ Erst will Paula nicht mit der obdachlosen Frau sprechen und weitergehen. Dann entscheidet sie sich anders. Warum ändert Paula ihre Meinung? Unterstreiche die Stelle im Text.

❸ Am Ende der Geschichte verabreden Paula und Margret, bald mal wieder zusammen Kakao und Kaffee zu trinken. Margret sagt: „Das geht dann auf mich." Was meint sie damit? Was ist daran besonders? Sprecht in der Klasse darüber.

Gesamtverständnis

❶ Die Frau in der Geschichte wird als Obdachlose bezeichnet. Die Jungen nennen sie „Pennerin". Bedeutet das Wort das Gleiche? Wo liegt der Unterschied? Tausche dich mit einem Partner darüber aus.

❷ Margret sagt in der Geschichte zu Paula: „Zeit hat heute niemand mehr." Wann erlebst du, dass du zu wenig Zeit hast? Wofür würdest du dir mehr Zeit wünschen? Notiere deine Überlegungen.

Weiterführende Aufgaben

❶ Wem würdest du gerne Zeit schenken? Gestalte einen Gutschein. Schreib genau auf, wann, wie lange und an wen du Zeit verschenken willst. Schreibe auch dazu, was ihr in der Zeit gemeinsam unternehmen könnt.

❷ Hattet ihr schon einmal Kontakt zu Obdachlosen? Was macht ihr, wenn ihr auf obdachlose Menschen trefft? Sprecht in der Klasse darüber.

ISBN 978-3-8346-4216-5 | www.verlagruhr.de

Weihnukkarami | 1/3

Es war Montagmorgen. Eigentlich stand jetzt Mathe auf dem Stundenplan. Aber Frau Riedmeier, die Klassenlehrerin, hatte erst etwas zu besprechen. Sie klopfte mit den Fingerknöcheln auf die Tischplatte.
„Bitte mal alle herhören!", rief sie.
Stühle wurden gerückt. Hefte raschelten. Langsam ebbte das Gemurmel in der Klasse ab. Als es endlich ruhig war, fuhr Frau Riedmeier fort: „Ich möchte mit euch gerne vor den Ferien eine kleine Weihnachtsfeier machen. Wie stellt ihr euch so eine Feier vor?"
Wieder flüsterten und murmelten einige.
„Weihnachten feiere ich nicht", rief Esra aus der letzten Reihe.
Alara und Johanna vor ihr nickten.
„Ihr wollt also, dass wir vor Weihnachten ganz normal Unterricht machen?", fragte Frau Riedmeier verblüfft.
Jetzt meldete sich Hakan zu Wort: „Können wir nicht einfach einen Film gucken?"
Frau Riedmeier schüttelte den Kopf.
„Ich möchte gerne, dass wir in der Klasse etwas Besonderes zusammen machen. Nicht einfach nur glotzen. Macht euch doch mal ein paar Gedanken."
„Aber ich bin gar keine Christin. Wieso soll ich mir Gedanken über Weihnachten machen?", fragte Alara.
„Ich auch nicht", rief Roman.
„Stimmt, du bist ja Russe", kicherte Carlo.
Roman funkelte ihn böse an. „Ich bin Deutscher. Meine Eltern kommen aus Russland. Außerdem hat das damit doch nichts zu tun. Die meisten Russen sind Christen. Aber wir sind Juden. Schalt mal dein Gehirn ein. Wenn du überhaupt eins hast."
Frau Riedmeier stellte sich auf den Gang zwischen die beiden.
„Beruhigt euch mal. Es geht doch gar nicht darum, woher welche Familie kommt. Ich möchte einfach nur mit euch gemeinsam als Klasse etwas Schönes machen."

Gülsan meldete sich und wartete, bis Frau Riedmeier sie aufrief.
„Ich finde, dass es nicht egal ist, woher welche Familie kommt. Meine Großeltern kommen zum Beispiel aus Anatolien. Sie sind Muslime. Und ich auch. Deshalb feiern wir zu Hause kein Weihnachten."
Carlo grinste. „Schon schade. Weihnachten gibt es immerhin jede Menge Geschenke."
Kadir drehte sich zu Gülsan um. „Wir sind auch Muslime. Aber wir feiern trotzdem Weihnachten."
„Das ist eure Sache. Aber ich finde, in der Klasse sollten wir nicht einfach ein Fest feiern, das nicht alle betrifft", widersprach Gülsan ihm. „Es ist doch irgendwie ziemlich unfair, dass wir immer nur die Feste der Christen feiern. Obwohl wir selbst ganz andere Feste haben."
Frau Riedmeier hob die Hand und wartete, bis alle zu ihr hinsahen.
„Ich merke schon: Wir müssen in aller Ruhe überlegen, ob und wie wir gemeinsam vor den Ferien vielleicht doch feiern können. Es muss ja keine übliche Weihnachtsfeier werden."
„Also doch Filmgucken!", rief Hakan dazwischen.
Als Frau Riedmeier ihn mit zusammengekniffenen Augen ansah, war er aber gleich wieder still.

ISBN 978-3-8346-4216-5 | www.verlagruhr.de

„Ich finde Gülsans Argument gut. Lasst uns doch mal sammeln: Welche großen Feste werden in euren Familien gefeiert?", fragte sie und sah sich in der Klasse um.
Plötzlich redeten alle durcheinander.
„Geburtstag!"
„Sabbat."
„Hä?"
„Das ist der jüdische Ruhetag."
„Ostern."
„Muttertag!"
„Eid al-Adha."
„Was ist das denn?"
„Das Opferfest im Islam!"

Frau Riedmeier klopfte wieder auf den Tisch. „Meldet euch bitte. Sonst versteht ja niemand etwas!"
Nach und nach wurden alle wieder still und sahen zu Frau Riedmeier.
„Welches Fest ist in eurer Familie am schönsten?", wollte die Lehrerin wissen. „Aber bitte nacheinander. Ja, Esra."
„Ich finde das Zuckerfest toll. Es heißt auf türkisch Seker Bayrami und ist ein muslimisches Fest", antwortete Esra.
Alara nickte. „Da gibt es immer so leckere Sachen zu essen. Vor allem Süßigkeiten. Und alle bekommen Geschenke."
Frau Riedmeier schrieb „Seker Bayrami" an die Tafel. Darunter notierte sie „gutes Essen" und „Geschenke".
Carlo meldete sich. „Das ist an Weihnachten genauso. Wir essen alle zusammen. Und nachher packen wir die Päckchen aus, die unter dem Weihnachtsbaum liegen."
Auch das notierte die Lehrerin. Sowohl unter Weihnachten als auch unter Seker Bayrami schrieb sie noch „gemeinsam feiern".
Kristin hob die Hand. Frau Riedmeier nickte ihr zu.
„Was ich an Weihnachten besonders schön finde, sind die Lichter. Nicht nur am Weihnachtsbaum. Sondern überall. Das ist echt toll, weil es draußen ja so dunkel ist."
Roman schnippte mit den Fingern. „Ein Lichterfest gibt es bei uns Juden auch. Es heißt Chanukka. Dafür haben wir einen extra Kerzenleuchter. Darauf wird jeden Tag eine Kerze mehr angezündet. Und am Ende brennen dann acht Kerzen."
Auch Johanna kannte das jüdische Lichterfest. „An Chanukka sitzen wir in unserer Familie immer zusammen. Da gibt es auch Geschenke. Und richtig gutes Essen. Meine Oma macht immer Latkes."
„Lattenkäse? Was ist das denn?", rief Carlo.
Johanna schnaubte. „Blödmann! Latkes sind jüdische Kartoffelpuffer."
Frau Riedmeier hatte schon Chanukka an die Tafel geschrieben. Und darunter wieder „gutes Essen" und „Geschenke". Außerdem notierte sie unter Weihnachten und Chanukka „Lichter".

„Fällt euch etwas auf?", fragte die Lehrerin und deutete auf die Wörter an der Tafel.
Jetzt schnellten einige Finger nach oben.
Alara wurde aufgerufen.
„Es gibt einige Dinge, die bei all den Festen eine Rolle spielen."
Frau Riedmeier nickte. „Mir waren die Gemeinsamkeiten auch gar nicht so klar. Vielleicht sollten wir uns darauf konzent-

© Verlag an der Ruhr | Petra Bartoli y Eckert |
ISBN 978-3-8346-4216-5 | www.verlagruhr.de

rieren. Nicht die Unterschiede sind wichtig. Sondern die Dinge, die wir alle – und auch unsere Feste – gemeinsam haben."
Gülsan hatte eine Idee: „Wie wäre es, wenn wir statt einer Weihnachtsfeier alle Feste dort zusammenlegen."
Esra war skeptisch. „Aber Seker Bayrami wird jedes Jahr zu einem anderen Zeitpunkt gefeiert. Es ist das Ende des Fastenmonats Ramadan. Und der richtet sich nach dem Mond oder so."
„Das ist bei Chanukka auch so ähnlich. Es richtet sich nach dem jüdischen Kalender", meinte Roman.
Doch Gülsan ließ nicht locker. „Macht doch nichts. Ich meine, wenn wir nicht Weihnachten für alle wollen, dann könnten wir doch einfach etwas, das für alle ist, zusammen machen."
„Weihnachten, Chanukka und Seker Bayrami gleichzeitig?", fragte Carlo.
Plötzlich sprang Alara auf. „Ich hab's. Wir feiern Weihnukkarami!"
Obwohl Frau Riedmeier ihre Hand hob, fingen wieder alle an, durcheinanderzusprechen.
„Cool!"
„Krasse Idee!"
„Mit Plätzchen!"
„Und Latkes?"
„Und Baklava!"
„Mit Kerzen."
„Ich kann Musik mitbringen!"
„Wollen wir uns gegenseitig etwas Kleines schenken?"
„Ja, jeder bringt ein Päckchen mit und wir wichteln."
Frau Riedmeier unterbrach diesmal nicht. Sie hörte aufmerksam zu, nickte immer wieder und notierte die wichtigsten Stichpunkte an der Tafel. Am Ende stand die Planung für die Feier kurz vor den Weihnachtsferien. Dafür wollten sie eine Doppelstunde einplanen. 90 Minuten Weihnukkarami. Alle in der Klasse wirkten ziemlich zufrieden mit dem Ergebnis.
Plötzlich gongte es. Die Stunde war vorbei. Verblüfft sah Frau Riedmeier auf die Uhr. „Na so was. Da ist uns jetzt wirklich die Zeit davongelaufen. Dabei wollte ich mit euch doch nur kurz reden und dann Mathe machen."
„War besser als Mathe", fand Esra.
„Ja, und ging viel schneller vorbei", grinste Carlo.
Frau Riedmeier lachte. „Ich finde, die Stunde hat sich gelohnt", sagte sie.
„Finde ich auch. Weihnukkarami haben wir selbst erfunden. Das feiert sonst niemand. Und alle sind zufrieden", rief Gülsan und die anderen fingen an, zu klatschen.

ISBN 978-3-8346-4216-5 | www.verlagruhr.de

Weihnukkarami: Aufgaben

Inhaltliche Erschließung

❶ Einige Schüler in der Geschichte sind dagegen, Weihnachten in der Klasse zu feiern. Warum? Unterstreiche im Text die passenden Stellen.

❷ In der Geschichte werden von den Schülern sechs verschiedene religiöse Feste genannt. Schreibe sie auf und ordne sie den Religionen Christentum, Islam und Judentum zu.

❸ Die Schüler in der Geschichte haben unterschiedliche Religionen. Lies im Text nach und notiere die Namen mit den passenden Religionen.

Gesamtverständnis

❶ Welche Feste feiert ihr in eurer Familie? Sprecht in Partnerarbeit über die Rituale und Bräuche bei großen Familienfesten.

❷ Am Ende der Geschichte beschließt die Klasse, Weihnukkarami zu feiern. Aus welchen Worten setzt sich dieser Begriff zusammen? Erfindet in Kleingruppen Wörter, die sich aus verschiedenen Wortanfängen zusammensetzen.

Weiterführende Aufgaben

❶ Die Geschichte besteht aus vielen Dialogen. Lest den Text in der Klasse mit verteilten Rollen. Legt auch eine Person fest, die den Text zwischen den Dialogen liest. Achtet auf die Betonung und auf die Lautstärke eurer Stimme.

❷ Informiert euch in Kleingruppen genauer zu je einem der religiösen Feste aus der Geschichte. Recherchiert im Internet:
a) Warum wird das Fest gefeiert?
b) Welche Bräuche gibt es?
c) Wie unterscheiden sich die Bräuche in unterschiedlichen Ländern und Kulturen?
Erstellt ein Plakat und stellt es der Klasse vor.

❸ Im Laufe der Geschichte finden in der Klasse immer wieder Diskussionen statt. Dann finden alle einen Kompromiss. Damit am Ende ein gutes Ergebnis erreicht wird, sind einige Regeln bei Diskussionen wichtig. Notiert in Kleingruppen Gesprächsregeln für Diskussionen. Findet auch sogenannte „Diskussionskiller", also Dinge, die eine gute Diskussion unmöglich machen.

ISBN 978-3-8346-4216-5 | www.verlagruhr.de

Fußballtraum im Advent | 1/3

Mattis Laune konnte kaum schlechter werden. Schon wieder hatten sie haushoch verloren. 4:1 – und das gegen den Tabellenletzten! Heute Abend war die Weihnachtsfeier der Jugend-Fußballmannschaft des FC Bohracker. Das konnte ja heiter werden!
Matti konnte Oskar, seinen Trainer, in Gedanken schon hören: „Ihr Flaschen! Was für eine Anfänger-Mannschaft!"
Er würde sie alle noch einmal zur Schnecke machen. Obwohl er das vorhin in der Umkleidekabine schon lautstark getan hatte.
„Ihr habt die Überraschung, die ich für die Weihnachtsfeier geplant habe, gar nicht verdient", hatte er zum Schluss noch hinzugefügt.
Matti seufzte. Die blöde Überraschung war ihm egal. Er wollte mal wieder mit seiner Mannschaft gewinnen. Und vom Trainer gelobt werden. Matti griff nach dem Schuhkarton auf seiner Kommode. Dort bewahrte er seine wertvollsten Dinge auf: Alle möglichen Steine, die er gesammelt hatte, als er noch klein war. Sein erstes Paar Stutzen, das ihm mittlerweile viel zu klein war. Den schwarz-gelben Fan-Schal. Die beiden Eintrittskarten von den Bundesligaspielen, die er sich mit seinem Vater angesehen hatte. Und zwei Autogramme. Mit Originalunterschriften von Mario Götze und Marco Reus. Matti strich mit dem Daumen über die Fotokarten der beiden Topstars. Ob deren Trainer auch so rumbrüllte, wenn sie mal ein Spiel verloren?

„Matti? Ich muss noch mal in die Firma. Wenn du dich beeilst, kann ich dich mitnehmen und beim Verein absetzen", rief Mattis Vater aus dem Flur.
Schnell legte Matti die beiden Autogramme wieder zurück in die Schachtel. Er zog seine Winterjacke von der Stuhllehne und suchte seine Turnschuhe. Die zog er während des Gehens an. Dabei musste er abwechselnd auf einem Bein hüpfen.
„Na, du Profi", lachte Mattis Vater. „Freust du dich schon auf die Weihnachtsfeier?"
Matti murmelte etwas Unverständliches, das wie „Geht so" klang. Sein Vater hakte nicht nach. Er hatte schon den Autoschlüssel in der Hand und öffnete die Wohnungstür. Im Auto fragte er: „Welche Überraschung wartet eigentlich heute auf euch?"
Matti sah seinen Vater verwundert an. „Woher weißt du denn davon?"
„Das hat Oskar doch in der Einladung zur Weihnachtsfeier geschrieben. Dass er eine Überraschung für euch alle hat."
Matti zuckte mit den Schultern. Bestimmt irgendein Kinderkram. Vielleicht auch einfach ein paar Wochen Sondertraining? Weil die Mannschaft so schlecht spielte. Oder irgendwelche Eiweiß-Getränke zu den Plätzchen? Damit sie alle mehr Muckis bekamen. Matti hatte keine Ahnung.
„Soll ich dich später wieder abholen?", fragte Mattis Vater, als er vor dem Vereinshaus des FC Bohracker hielt. Matti winkte ab. Bestimmt würde es ein ziemlich blödes Fest werden. Da würde er schnell wieder verschwinden.
„Ich geh zu Fuß", sagte Matti.
Schnell stieg er aus und lief zum Eingang.

Drinnen erwartete ihn ein Schwall warmer Luft. Und seine ganzen Mannschaftskollegen. Als Luis und Sergej ihn hereinkommen sahen, winkten sie ihn zu ihrem Tisch.
„Denkst du, Oskar wird uns jetzt gleich noch eine Standpauke halten?“, fragte Sergej.
„Kann schon sein“, murmelte Matti.
„Was ist eigentlich mit dieser Überraschung?“, wollte Luis wissen.
Jetzt fing der auch noch damit an. War doch egal! Matti blies hörbar die Luft aus. Sergej zuckte mit den Schultern. Plötzlich ging die Tür auf und wurde nicht wieder geschlossen. Ein kalter Luftzug wehte durch den Raum. Alle Blicke richteten sich auf den Eingang. Oskar, der Trainer, stand im Türrahmen und grinste.
„Tür zu!“, rief jemand vom Tisch neben Matti.
„Moment. Ich muss euch erst etwas sagen. Zunächst: Herzlich willkommen zu unserer Jugend-Weihnachtsfeier.“
„Mach schneller. Hier wird es kalt!“, unterbrach jemand die Rede des Trainers.
Oskar grinste immer noch. So gut gelaunt hatte Matti ihn schon lange nicht mehr gesehen. Nach den letzten katastrophalen Spielergebnissen war sein Gesichtsausdruck eigentlich immer grimmig gewesen.
„Ich hatte euch allen ja eine Überraschung versprochen. Vielleicht motiviert die euch für die nächsten Spiele.“
Sergej stöhnte auf. „Bestimmt ein Co-Trainer, der krasse Konditionsübungen mit uns macht“, flüsterte er.
Jetzt machte Oskar den Eingang frei. Hinter ihm betrat ein großer Mann in einem roten Mantel den Raum. Er trug schwarze Stiefel und eine rote Zipfelmütze. Im Gesicht hatte er einen angeklebten, weißen Bart. Und in der Hand hielt er einen Jutebeutel. Der Trainer schloss die Tür hinter ihm.
„Oskar spinnt wohl. Er hat uns als Überraschung einen Weihnachtsmann organisiert“, hörte Matti Luis neben sich murmeln.
„Denkt der, wir sind noch im Kindergarten oder was?“, beschwerte sich Sergej.

„Guten Abend“, sagte der als Weihnachtsmann verkleidete Überraschungsgast mit tiefer Stimme.
Einige Jugendspieler rollten mit den Augen.
„Was soll das denn?“, murmelte Matti.
„Ich freue mich sehr, heute bei eurer Weihnachtsfeier zu sein“, sprach der Mann weiter.
„Bestimmt liest er jetzt noch vor, was jeder in den letzten Spielen verbockt hat“, stöhnte Luis.
Doch da täuschte er sich. Der Weihnachtsmann griff in seinen Jutebeutel und holte einige Süßigkeiten heraus. Er schritt durch den Raum und legte auf jeden Tisch ein paar davon ab. Die Süßigkeiten hatten die Form eines Fußballs. Das war ja schon irgendwie originell, fand Matti. Als der Mann gerade die Schokobälle auf seinen Tisch legte, musterte Matti ihn ganz genau. Irgendwie kam ihm dieser Weihnachtsmann bekannt vor!
„Wirklich eine Mega-Überraschung“, höhnte Sergej.
Als der Weihnachtsmann seine Runde durch den Raum beendet hatte, griff er nach seiner roten Zipfelmütze.

ISBN 978-3-8346-4216-5 | www.verlagruhr.de

„Und jetzt habe ich noch eine kleine Überraschung", sagte er grinsend und zog die Mütze vom Kopf. Matti hörte, wie Oskar laut auflachte. Jetzt, wo der Kopf des Mannes besser zu erkennen war, verstärkte sich Mattis Verdacht. Er war sich sicher, dass er diesen Mann schon mal gesehen hatte.
„Ich kenn den irgendwoher", raunte er Luis zu.
Bevor Mattis Mannschaftkollege etwas antworten konnte, löste der Weihnachtsmann langsam seinen Bart vom Gesicht.
„Das gibt es doch nicht", rief Sergej.
Matti klappte der Mund auf. Und Luis schüttelte ungläubig den Kopf.
„Falls ihr es noch nicht gemerkt haben solltet: Unser Überraschungsgast hier ist …" Oskar machte eine kleine Pause.
„Julian Wolf!"
Im Sportheim brandete Applaus auf.
„Ein Bundesligaspieler hier bei uns in Bohracker! Das ist der Wahnsinn!", rief Luis.
Die Jugendspieler redeten auf einmal alle durcheinander. Wollten wissen, wieso Julian Wolf heute hier bei ihnen war.

Oskars Grinsen war noch breiter als vorher. Er erklärte seiner Mannschaft, wie er diesen Fußball-Superstar hierhergebracht hatte. Dafür hatte er sich beim Deutschen Fußballbund beworben. Die schickten dieses Jahr verschiedene Bundesligaspieler zu Jugendmannschaften. Und Mattis Mannschaft hatte den Zuschlag bekommen. Was für eine Überraschung. Julian Wolf blieb dann über zwei Stunden im Sportheim des FC Bohracker. Matti, Sergej, Luis und die anderen bestürmten ihn mit Fragen. Der Profi-Fußballer gab Autogramme. Und er überlegte gemeinsam mit der Mannschaft eine neue Strategie für die kommenden Spiele. Die würden sie jetzt sicher gewinnen!

Die Weihnachtsfeier verging wie im Flug. Irgendwann verabschiedete sich Julian Wolf von allen. Dann brachen die ersten Mannschaftkollegen von Matti auf. Als sich schließlich auch Matti auf den Heimweg machte, ging er wie auf Wolken. Das war die schönste Weihnachtsfeier, die er je hatte. Besser konnte Weihnachten zu Hause auch nicht mehr werden. Er hatte mit dem Handy ein Selfie von sich und Julian Wolf gemacht. Das würde er morgen gleich ausdrucken und in den Schuhkarton zu seinen anderen wertvollen Dingen legen. Hoffentlich hatten seine Eltern Zeit, wenn er nach Hause kam. Sonst war er immer froh, seine Ruhe zu haben. Aber heute Abend hoffte er, dass sie Zeit zum Reden hatten. Denn von dieser Mega-Überraschung wollte er ihnen unbedingt erzählen.

ISBN 978-3-8346-4216-5 | www.verlagruhr.de

Fußballtraum im Advent: Aufgaben

Inhaltliche Erschließung

❶ Am Anfang der Geschichte hat Matti keine Lust, zur Weihnachtsfeier seiner Fußballmannschaft zu gehen. Warum? Schreibe deine Antwort auf.

❷ Beantworte die folgenden Fragen schriftlich:
a) Was vermuten die Jungen, was sich der Trainer überlegt hat?
b) Wie finden sie die Überraschung am Anfang?
c) Wer verbirgt sich hinter der Verkleidung als Überraschungsgast?

❸ Was könnte Matti seinen Eltern am Ende der Geschichte über die Weihnachtsfeier erzählen? Schreibe auf, was er sagen könnte.

Gesamtverständnis

❶ Matti greift zum Schuhkarton, in dem er für ihn wertvolle Dinge gesammelt hat. Warum hilft ihm das, als er sich am Anfang der Geschichte schlecht fühlt?

❷ Die Spieler des FC Bohracker reden mit dem Fußballprofi, der bei ihrer Weihnachtsfeier zu Gast ist. Sie machen Selfies mit ihm und lassen sich Autogramme geben. Was würdest du tun, wenn du einer prominenten Person begegnest? Sprich mit einem Partner darüber.

❸ In der Geschichte wird beschrieben, dass der Trainer seine Mannschaft nach einem verlorenen Spiel lautstark beschimpft. Glaubst du, das hilft den Spielern? Werden sie sich so verbessern? Diskutiert in der Klasse darüber.

Weiterführende Aufgaben

❶ Mattis Mannschaft verliert am Anfang der Geschichte ein Spiel. Überlegt in Kleingruppen, was hilft, um sich nach einer Niederlage wieder etwas zuzutrauen. Sammelt eure Tipps auf einem Plakat und stellt es der Klasse vor.

❷ Beim nächsten Training werden Matti, Luis und Sergej sich wiedersehen. Was könnten sie über den Abend mit dem Fußball-Profi sagen? Bildet 3er-Gruppen und schreibt den Dialog auf. Übt, ihn mit verteilten Rollen zu sprechen, und tragt ihn anschließend der Klasse vor. Achtet auch auf Gestik, Mimik und die Lautstärke eurer Stimme.

ISBN 978-3-8346-4216-5 | www.verlagruhr.de

Resas Weihnachtswunder | 1/3

Endlich Ferien! Der letzte Schultag war eigentlich ganz entspannt gewesen. Und morgen war Weihnachten. Alle hatten sich frohe Feiertage gewünscht. Jetzt strömte eine ganze Flut von Schülern gut gelaunt aus dem Schulhaus. Auch Resa freute sich auf die freien Tage, obwohl er mit seiner Familie kein Weihnachten feierte. Sie hatten andere Feste. Aber schulfrei war gut – egal was der Grund dafür war. Immerhin konnte er in den nächsten zwei Wochen ausschlafen.

Gerade als er den Schulhof verließ, fiel ihm eine Gestalt auf, die an einer Straßenlaterne lehnte. Das war doch Jenni! Die ging in seine Parallelklasse. Er hatte nicht viel mit ihr zu tun. Trotzdem fiel ihm sofort auf, dass mit ihr irgendetwas nicht stimmte. Als Resa näher kam, hörte er Jenni leise schluchzen.
„He, was ist los?", fragte er.
Jenni fuhr herum.
„Was ist passiert?", bohrte Resa weiter.
Jenni wischte sich die Tränen aus dem Gesicht und schüttelte den Kopf. Dann zuckte sie mit den Schultern.
„Es ist nichts. Geh weiter", murmelte sie mit belegter Stimme.
Aber als Resa sich nicht von der Stelle rührte, deutete sie auf den Laternenmast. Dort hing ein Zettel.
„Hund entlaufen!", stand darauf.
„Deiner?", fragte Resa.
Jenni nickte. Dann fing sie wieder an, zu weinen.

Resa hatte es nicht eilig. Er lehnte sich neben Jenni an den hohen Zaun, der den Schulhof umgab.
„Und jetzt suchst du ihn?", fragte Resa, obwohl das ja irgendwie klar war.
Jenni nickte. Dann erzählte sie Resa, was passiert war. Seit einer Woche war ihr Hund Lupo weg. Er hatte sich beim Gassigehen einfach losgerissen. Jenni war ihm nachgelaufen. Aber er war schneller. Sie hatte den ganzen Park abgesucht. Nichts! Als er über Nacht nicht wiederkam, hatte sie im ganzen Viertel Zettel aufgehängt.
Jenni kramte in der Tasche nach ihrem Handy. Sie tippe ein Video an und hielt Resa das Display unter die Nase. Der Film zeigte einen kleinen, weiß-braunen Terrier, der sich ausgelassen um sich selbst drehte und mit dem Schwanz wedelte.
„Süßer Hund", meinte Resa.
Jenni seufzte. „Ich habe ihn schon seit fünf Jahren. Er gehört irgendwie zur Familie. Und er ist so was wie mein bester Freund."
Resa hatte noch nie ein Haustier gehabt. So ganz konnte er das nicht verstehen. Wie konnte ein Tier ein bester Freund sein? Doch so traurig, wie Jenni war, musste es für sie wohl stimmen.
„Und du hast schon überall gesucht?", fragte er.
„Ja. Ich bin das ganze Viertel abgelaufen. Mehrmals. Ich habe bei allen Tierärzten in der Umgebung nachgefragt. Und online habe ich auch schon eine Suchmeldung gepostet. Lupo ist einfach spurlos verschwunden", antwortete Jenni. Wieder liefen Tränen über ihre Wangen.
„Wenn er sich draußen irgendwo verkrochen hat, erfriert er doch!", schluchzte sie. „Und morgen fahren wir zu Oma. Über Weihnachten. Da kann ich gar nicht weitersuchen."

ISBN 978-3-8346-4216-5 | www.verlagruhr.de

Resa zuckte mit den Schultern. Er hatte keine Idee, wie er Jenni trösten könnte.
„Ich muss los", sagte Jenni und wischte sich mit dem Jackenärmel über die Nase.
„He, warte mal", rief Resa. „Ich geb dir meine Nummer. Du kannst mir das Video von deinem Hund schicken. Vielleicht läuft er mir ja über den Weg."
Jenni nickte dankbar, tippte Resas Nummer ein und leitete den Film weiter.
„Frohe Weihnachten", sagte sie halbherzig. Dann ging sie. Resa sah ihr nach.

Eigentlich ging ihn die Sache ja gar nichts an. Trotzdem musste Resa den ganzen Heimweg lang an Jenni und ihren Hund denken. Auch wenn er nicht Weihnachten feierte, wusste er doch, dass man gerade jetzt nicht traurig sein sollte. Weihnachten war das Fest der Liebe und der Freude. Resa mochte Jenni, sie tat ihm leid. Irgendwie musste er ihr helfen. Zu Hause wartete niemand auf Resa. Seine Eltern waren noch auf der Arbeit. Er schmierte sich ein Brot, nahm es mit in sein Zimmer und setzte sich an den Computer.
„Hund entlaufen", gab er in die Suchmaschine ein. 484.000 Treffer. Resa klickte sich durch die Ergebnisse. Tipps, wie der Hund gar nicht erst wegläuft. Na toll! Das half ja jetzt auch nicht wirklich weiter. Dann eine Liste, was man unternehmen kann, wenn ein Hund weggelaufen war. Jenni hatte schon alles Mögliche davon ausprobiert. Aber da! Resa überflog die nächste Webseite. Man konnte auch in den umliegenden Tierheimen nachfragen. Davon hatte Jenni nichts erzählt. Resa suchte online nach der Adresse des nächsten Tierheims. He, da gab es sogar einen Link zu Fotos von Tieren, die zugelaufen waren! Resa klickte darauf. Zwei Katzen, ein Meerschweinchen, ein Kaninchen und drei Hunde. Aber keiner davon sah aus wie Jennis Lupo. Wie oft wurde diese Seite wohl aktualisiert? Resa tippte die angegebene Telefonnummer in sein Handy. Besetzt. Er suchte nach den Öffnungszeiten des Tierheims. Montag bis Samstag von 14 bis 16 Uhr. Jetzt war es drei. Resa hatte heute nichts Besonderes vor. Hausaufgaben hatte es vor den Ferien keine gegeben. Und seine Eltern kamen frühestens in zwei Stunden heim. Er steckte sein Handy und sein Busticket ein und machte sich auf den Weg.

Das Tierheim lag etwas außerhalb. Kurz bevor es schloss, kam Resa dort an. Er drückte auf die Klingel am Tor und wartete. Nach einigen Augenblicken erschien eine ältere Frau.
„Ja, bitte?", fragte sie.
Einen Moment zögerte Resa. Dann erklärte er der Frau, warum er hier war. Er zeigte ihr das Video von Lupo, das Jenni ihm geschickt hatte.
„Na so was! Wir haben tatsächlich einen Neuzugang. Und der sieht aus wie dieser kleine Racker", grinste die Frau.
„Echt?", rief Resa überrascht.
Die Frau winkte ihn hinter sich her. Gemeinsam gingen sie einen gepflasterten Weg an einem Haus entlang. Sie kamen auf ein weitläufiges Gelände. Rund um die Wiese in der Mitte gab es kleinere Gebäude

ISBN 978-3-8346-4216-5 | www.verlagruhr.de

und unterschiedlich große Tierzwinger. Die Frau ging auf einen davon zu. Resa musterte den Hund, der dort ziemlich verschreckt in der Ecke saß.
„Ist er das?“, fragte die Frau.
Resa sah sich den Hund genau an. Ganz sicher war er nicht. Er ließ das Video noch einmal abspielen. Resa hatte echt keine Ahnung. Aber Jenni würde ihren Lupo bestimmt erkennen! Schnell knipste Resa ein Foto von dem Hund.
„Du solltest die Besitzerin informieren“, meinte die Frau.
Genau das tat Resa gerade. Er schickte das Foto an Jenni und schrieb dazu: „Ist das Lupo?“

Die Frau warf einen Blick auf die Uhr.
„Wir schließen gleich“, meinte sie.
Resa trat ungeduldig von einem Fuß auf den anderen. Er konnte sehen, dass Jenni die Nachricht bisher noch nicht gelesen hatte. Die Frau wandte sich gerade Richtung Ausgang.
„Können Sie nicht noch ein bisschen bleiben?“, versuchte Resa, noch etwas Zeit zu schinden. Die Frau zögerte.
„Ich meine, morgen ist doch schließlich Weihnachten“, fügte er an.
Es kostete Resa noch ein bisschen Überredungskunst. Doch dann ließ die Frau vom Tierheim sich erweichen, noch etwas zu warten. In dem Moment kündigte ein heller Ton den Eingang einer Nachricht an. Endlich!
„Ja!!! Wo ist er??“
Resa tippte auf „Anrufen“ und hatte Sekunden später Jenni in der Leitung.
Schnell erklärte er ihr, wo er Lupo gefunden hatte. Jenni versprach, sofort zu kommen.
„Sie soll den Impfpass des Hundes mitbringen. Damit wir wissen, dass es wirklich ihrer ist“, mischte sich die Frau in das Telefonat ein.
Resa gab die Info weiter.
„Beeil dich“, meinte er noch, bevor er das Gespräch beendete.

Eine halbe Stunde später traf Jenni atemlos ein. Sie kniete sich vor den Zwinger. Ja, der Hund war eindeutig Lupo! Kaum hatte er Jenni erblickt, lief er schwanzwedelnd zum Gitter. Als die Frau die Tür des Zwingers öffnete, rannte der Hund wie der Blitz auf Jenni zu.
„Mein Kleiner! Da bist du ja endlich“, flüsterte Jenni.
Resa wurde ganz eigenartig warm in der Brust. Mit dem Hund auf dem Arm drehte sich Jenni zu ihm um.
„Das ist wie ein Wunder. Ein Weihnachtswunder! Ich kann dir gar nicht sagen, wie dankbar ich dir bin“, sagte Jenni und strahlte Resa an.
„Ist schon in Ordnung“, murmelte Resa und grinste schief.
Es fühlte sich echt gut an, für so ein Weihnachtswunder verantwortlich zu sein.

Resas Weihnachtswunder: Aufgaben

Inhaltliche Erschließung

❶ In der Geschichte hilft Resa Jenni. Schreibe eine kurze Nacherzählung in eigenen Worten.

❷ Wie reagiert Jenni, als Resa sie nach ihren Sorgen fragt? Suche Jennis Antworten im Text und notiere sie. Wie verändert sich ihre Reaktion?

❸ Beantworte die folgenden Fragen schriftlich:
a) Wo sucht Resa nach Informationen, wie er bei der Suche nach Lupo vorgehen kann?
b) Was findet er als Erstes und warum hilft ihm das nicht weiter?
c) Welcher Hinweis hilft Resa schließlich? Warum?

Gesamtverständnis

❶ Resa feiert in seiner Familie kein Weihnachten. Trotzdem denkt er, dass man an Weihnachten nicht traurig sein sollte. Warum macht er sich über Weihnachten Gedanken, obwohl er gar kein Christ ist? Sprecht in der Klasse darüber.

❷ Am Ende der Geschichte wird Resa eigenartig warm in der Brust. Wie fühlt er sich wohl gerade? Notiere deine Antwort.

❸ Stelle dir vor, Jenni schreibt Resa an Weihnachten eine Textnachricht, in der sie sich noch einmal bei ihm bedankt. Schreibe auf, wie Jennis Nachricht lauten könnte.

Weiterführende Aufgaben

❶ Recherchiert in Kleingruppen im Internet:
a) Wo ist das nächste Tierheim in eurer Umgebung? Wie heißt es und welches Angebot hat es?
b) Woher kommt das Geld, das ein Tierheim benötigt?
c) Wer arbeitet in einem Tierheim?
Tragt eure Ergebnisse in der Klasse zusammen.

❷ Hast du schon einmal jemandem geholfen? Wie hast du dich danach gefühlt? Sprich mit einem Partner darüber.

ISBN 978-3-8346-4216-5 | www.verlagruhr.de

Bethlehem im Jugendzentrum |

Djamal las das Schild am Eingang des Kulturspeichers. Das tat er nun schon zum vierten Mal. Dabei hatte er den Text bereits beim ersten Lesen verstanden. Aber er wollte es einfach nicht glauben. Im Kulturspeicher hatte es einen Wasserrohrbruch gegeben. Bis auf Weiteres waren die Räume nicht zu benutzen. Das jedenfalls stand auf dem Zettel an der Tür. Djamal hörte, wie sich Schritte näherten. Timo und Bea waren im Anmarsch. Wie jeden Mittwoch hatten sie sich auch heute zum Proben verabredet. Sie machten Hip-Hop. Bea mischte die Beats auf dem PC. Und Djamal und Timo rappten. In drei Wochen war ihr erster Auftritt. Zum Abschluss des Weihnachtsmarktes. Auf der kleinen Bühne neben dem Maronenstand. Bis dahin brauchten sie noch einen Namen. Bisher hatten sie sich noch nicht einigen können. Viel wichtiger war allerdings: Sie mussten noch an ihren Songs feilen. Aber das fiel ja jetzt wohl im wahrsten Sinne des Wortes ins Wasser.
„Was?“, rief Bea, die sich gerade eben neben Djamal gestellt hatte.
„Wasserschaden?“, fragte Timo entsetzt.
„Wo sollen wir denn jetzt proben?“ Beas Stimme klang panisch.
Zu Hause ging das bei keinem von ihnen, das war klar. Dafür war ihre Musik einfach zu laut.
„Wir brauchen einen Plan“, meinte Djamal. Er hatte sich als Erster wieder etwas gefasst. „Kommt mit zu mir. Bevor wir hier vor der Tür noch festfrieren“, schlug er vor.

In Djamals Zimmer sah es aus wie nach einem Wirbelsturm. Überall lagen Zettel mit Gekritzel und Textzeilen herum. Aber das musste bei einem Texter so sein. Auch wenn seine Eltern das nicht verstehen konnten. Hastig räumte Djamal das Bett und seinen Schreibtischstuhl leer. Bea und Timo setzten sich.
„Also, was machen wir jetzt?“, fragte Bea in die Runde.
„Wir brauchen einen neuen Raum zum Proben“, stellte Timo fest.
Djamal nickte. „Und zwar schnell. Unser Auftritt in drei Wochen muss gut werden! Wir können jetzt nicht ewig rumsuchen.“
Gut, darin waren sich die drei schon mal einig. Djamal schnappte sich Stift und Block vom Schreibtisch, setzte sich vor sein Bett auf den Boden und lehnte sich zurück.
„Los, macht mal Vorschläge. Wo könnten wir proben? Wen könnten wir fragen?“
Djamal tippte ungeduldig mit dem Stift aufs Papier.
Bea drehte eine Haarsträhne zwischen ihren Fingern. Dann hob sie ruckartig den Kopf.
„Wir fragen den Hausmeister unserer Schule. Die Turnhalle wird doch nachmittags nicht immer benutzt, oder?“
Djamal schrieb die Idee gerade auf. Da meldete sich Timo zu Wort: „Vielleicht können wir ja auch bei euch in den Keller?“
Er sah Djamal fragend an. „Da gibt es doch diesen Raum. In dem die kaputte Tischtennisplatte steht.“
Djamal nickte. Das könnte vielleicht klappen. Jeder im Haus hatte im Keller ein kleines Abteil. Aber dann gab es dort noch diesen Raum, den eigentlich niemand nutzte. Also notierte er auch noch „Kellerraum“.

ISBN 978-3-8346-4216-5 | www.verlagruhr.de

„Dann müssen wir zur Hausverwaltung. Die entscheiden, was mit den Gemeinschaftsräumen passiert."
Während des Schreibens kam Djamal noch ein weiterer Gedanke.
„Das JUZ!", rief er.
Bea wusste sofort, wovon Djamal sprach.
„Stimmt! Wir könnten auch im Jugendzentrum nachfragen. Ich weiß zwar nicht, ob dort ein Raum für einige Stunden in der Woche leer steht. Aber Fragen kostet ja nichts", meinte sie.
Jetzt hatten sie also einen Plan.
„Sollen wir jetzt überall anrufen oder was?", fragte Bea.
Djamal schüttelte den Kopf. „Nee. Wir gehen hin. Wenn wir direkt vor den Leuten stehen, dann schicken die uns nicht so einfach wieder weg."
„Wir gehen am besten gleich los. Damit wir nicht noch mehr Zeit verlieren", schlug Timo vor.
Djamal warf einen Blick auf die Uhr seines Handys. „Fangen wir in der Schule an. Sonst macht der Hausmeister Feierabend."

Eine halbe Stunde später standen die drei in der Aula der Schule vor der Tür mit dem Schild „Haustechnik. Erwin Petrowitch." Bea trat einen Schritt nach vorn und klopfte. Es vergingen fünf Sekunden, dann öffnete der Hausmeister die Tür.
„Seit wann kommt ihr denn so spät noch freiwillig in die Schule?", lachte er, als er sah, wer zu ihm wollte.
„Wir müssen Sie etwas fragen", ergriff Djamal das Wort.
„Von mir bekommt ihr aber keine Lösungen für eure nächste Matheprüfung", kicherte Herr Petrowitch.
„Der nimmt uns echt nicht ernst", murmelte Timo.
Aber Djamal gab nicht so schnell auf.
„Wir sind wegen der Turnhalle hier. Wir brauchen nämlich einen Raum zum Proben. Für unsere Band. Und da dachten wir ..."
Der Hausmeister ließ Djamal gar nicht ausreden.
„Da könnte ja jeder kommen. Erst lasse ich euch in die Turnhalle. Und dann macht ihr dort Blödsinn. Schmeißt Bälle herum oder beschmiert die Wände. Und ich bin dann derjenige, der dafür den Kopf hinhalten muss!"
Bea winkte ab. „Wir machen nichts kaputt. Wir wollen nur proben. Sie können ja zuhören, wenn Sie wollen."
Aber auch das half nichts. Der Hausmeister blieb hart.
Bea wollte noch etwas ergänzen. Doch Timo zog sie hinter sich her.
„Das hat keinen Sinn", meinte er.
„Wir gehen zur Hausverwaltung von Djamals Häuserblock. Vielleicht haben wir da mehr Glück."
Doch da lag Timo leider falsch. Die Verwaltung der Wohnungen war in einem schicken Bürogebäude untergebracht. Dort wurden sie nicht einmal ins Haus gelassen. An der Gegensprechanlage bekamen sie die Auskunft: „Auf keinen Fall. Musik im Keller von Wohnhäusern ist Ruhestörung. Da ist ja nichts isoliert. Wo kämen wir denn da hin?"

ISBN 978-3-8346-4216-5 | www.verlagruhr.de

Bethlehem im Jugendzentrum | 3/3

Djamal, Bea und Timo ließen die Köpfe hängen. Jetzt blieb nur noch das Jugendzentrum. Viel Hoffnung machten sich die drei nicht, als sie den kurzen Weg zum „JUZ“ nebeneinanderher trotteten. Im Jugendzentrum war ziemlich was los. Djamal, Bea und Timo trafen Robert, den Leiter des Zentrums, im Büro an.
„Was kann ich für euch tun?“, fragte er freundlich.
„Wir suchen einen Raum zum Proben“, fing Bea an, zu erklären.
Timo erzählte von ihrem Auftritt auf dem Weihnachtsmarkt. Und Djamal sprach vom Wasserrohrbruch im Kulturspeicher. Robert hörte sich alles in Ruhe an. Dann lehnte er seinen Kopf zurück und fuhr sich mit der Hand übers Kinn. Djamal, Bea und Timo warteten. Es dauerte eine gefühlte Ewigkeit, bis Robert seinen Blick wieder auf sie richtete. Djamal wollte schon gehen. Das würde ja wieder nichts werden! Dann fing Robert zu sprechen an.
„Klar, das klappt. Ich kann euch den kleinen Raum neben dem Kicker geben. Am Mittwoch ist der nachmittags immer für zwei Stunden frei.“
Djamal traute seinen Ohren nicht. „Echt?“, rief er.
Robert nickte. „Wie nennt ihr euch eigentlich?“, wollte er wissen.
„Wir suchen noch nach einem coolen Namen“, meinte Djamal und grinste schief.
Robert lachte. „Alles klar. Aber ihr müsst mir unbedingt noch die genaue Zeit eures Auftritts verraten. Dann komme ich mit den Jugendlichen aus unserem Musik-Projekt vorbei.“
Das wurde ja immer besser! Jetzt hatten sie nicht nur einen Proberaum, sondern auch noch Publikum für ihren Auftritt auf dem Weihnachtsmarkt gesichert. Djamal, Bea und Timo klatschten sich ab.
„Ihr seid ja ganz aus dem Häuschen“, stellte Robert grinsend fest.
Da erzählte Bea, wo sie überall nachgefragt hatten. Und dass sie bisher nur Absagen kassiert hatten. Robert lachte.
„Dann ist das Jugendzentrum für euch so etwas wie der Stall von Bethlehem.“
Djamal sah Robert verständnislos an.
„Na, weil doch Maria und Josef auch nach einer Unterkunft gesucht haben. Und nirgendwo wurden sie reingelassen. Erst im Stall in Bethlehem haben sie dann Unterschlupf bekommen. Deshalb feiern wir schließlich Weihnachten“, erklärte Robert.
Djamal hatte natürlich schon von der Weihnachtsgeschichte mit dem Kind im Stall und so gehört. Aber den Gedanken von Robert fand er doch ziemlich schräg. Naja, ihm konnte das egal sein. Hauptsache sie hatten endlich wieder einen Raum zum Proben. Ob nun in Bethlehem oder im Jugendzentrum. Plötzlich stieß Bea einen spitzen Schrei aus. „Ich hab's!“, rief sie und klopfte Djamal auf die Schulter.
„Wir nennen uns ‚Hideout‘. Das ist das englische Wort für ‚Unterschlupf‘. Passt doch super, oder?“
Djamal und Timo machten große Augen. Dann fingen sie gleichzeitig an, zu nicken.
„Klar, Mann! Und ‚Hideout‘ wird demnächst den besten Auftritt überhaupt hinlegen!“, war sich Djamal sicher.

ISBN 978-3-8346-4216-5 | www.verlagruhr.de

Bethlehem im Jugendzentrum: Aufgaben

Inhaltliche Erschließung

❶ Beantworte die folgenden Fragen schriftlich:
a) Welche Art Musik machen Djamal, Bea und Timo?
b) Wer übernimmt dabei welche Aufgabe?
c) Wo probten die drei bisher?
d) Warum können sie dort nicht mehr proben?
e) Welche Lösung finden sie schließlich?
f) Wie nennen sich die drei am Schluss? Wie kommen sie auf den Namen?

❷ „Wir brauchen einen Plan!", sagt Djamal in der Geschichte. Lies nach, wer dazu welchen Vorschlag macht. Schreibe die Aussagen mit den entsprechenden Namen auf.

❸ Zuerst finden Djamal, Bea und Timo keinen neuen Proberaum. Welche Argumente haben der Hausmeister der Schule und die Hausverwaltung des Wohnblocks gegen das Proben in Schule und Keller?

Gesamtverständnis

❶ Was ist mit folgenden Redewendungen und Aussagen gemeint?
a) Und ich bin dann derjenige, der dafür den Kopf hinhalten muss!
b) Ihr seid ja ganz aus dem Häuschen.
c) Dann ist das Jugendzentrum für euch sozusagen so etwas wie der Stall in Bethlehem.
Erkläre die Redewendungen schriftlich in zwei bis drei Sätzen.

Weiterführende Aufgaben

❶ Am Ende der Geschichte haben Djamal, Bea und Timo einen Namen gefunden. Findet in der Klasse gemeinsam weitere Vorschläge für einen passenden Bandnamen.

❷ Djamal, Bea und Timo rappen gemeinsam. Wie würde ein Rap-Text aussehen, den ihr über euren Alltag verfasst?
a) Sammelt gemeinsam in der Klasse mögliche Inhalte für einen Rap.
b) Schreibt einen kurzen Rap in Einzelarbeit.
c) Übt euren Rap ein und tragt ihn der Klasse vor.

ISBN 978-3-8346-4216-5 | www.verlagruhr.de

Der Alte von nebenan | 1/3

Mist! Worauf hatte sich Alina da bloß eingelassen? Sie stand vor der Wohnungstür direkt gegenüber ihrer eigenen Wohnung. Ihr Finger schwebte über dem Klingelknopf. Auf dem Schild darüber stand „Richard Schmidt“. Alina kannte Herrn Schmidt nur von Begegnungen im Treppenhaus. Der Mann war alt. Eigentlich schon scheintot, wenn Alina es sich richtig überlegte. Herr Schmidt hatte einen grauen Vollbart und trug immer kackbraune Strickjacken. Er ging nach vorn gebeugt und stützte sich dabei auf seinen Rollator. Deshalb hatte er wahrscheinlich auch die Wohnung im Erdgeschoss. Treppensteigen packte der bestimmt nicht mehr. Und nun hatte Alina zugesagt, diesem Alten zu helfen. Eine echt bescheuerte Idee!

Alles hatte damit angefangen, dass Alina sich einen neuen Laptop zu Weihnachten wünschte. Klar, ihre Mutter war darüber nicht gerade begeistert gewesen. So viel verdiente sie als Kassiererin im Supermarkt schließlich nicht. Aber sie hatte erst mal nicht „Nein“ gesagt. Sie wollte es sich überlegen. Dann kam sie gestern damit an, Alina eine Bedingung zu stellen. Sie fand, dass Alina ohnehin viel zu viel auf ihr Handy glotzte. Und mit einem neuen Laptop würde das mit den Medien und so ja nur noch schlimmer werden. Das hatte sie bestimmt vom letzten Elternabend in der Schule mit nach Hause gebracht.
„Ich werde einen Teil des Computers bezahlen. Aber du musst auch etwas dafür tun“, hatte sie gesagt. Sie hatte dabei ausgesehen, als hätte sie schon einen Plan. Und den hatte sie auch!
„Du musst also ein bisschen was dazuverdienen. Damit du dich an den Kosten beteiligen kannst. Außerdem kannst du dich dann mal mit etwas anderem als Computer und Handy beschäftigen. Deshalb habe ich mit Herrn Schmidt gesprochen.“
Erst verstand Alina kein Wort. Herr Schmidt? Etwa der uralte Typ von gegenüber? Was hatte der denn mit ihrem Laptop zu tun? Aber dann ging ihr ein Licht auf.
„Ich soll für den Alten von nebenan arbeiten?“, fragte sie erschrocken.
Alinas Mutter nickte. „Herr Schmidt braucht jemanden, der ihm gelegentlich zur Hand geht. Und mal für ihn einkauft. Oder seine Sachen zur Reinigung bringt. Dafür würde er dich dann bezahlen. Und du hättest eine sinnvolle Beschäftigung – mal ganz ohne Handy und so.“
Ihre Mutter lächelte zufrieden. Alina hingegen verzog das Gesicht.
„Deine Entscheidung“, meinte Alinas Mutter. Das war ja schon beinahe Erpressung, fand Alina. Aber sie hatte wohl keine andere Wahl. Das mit dem Alten würde sie schon hinbekommen. Sie musste eben immer nur an Weihnachten und ihren neuen Laptop denken. Das würde helfen. Also nickte Alina schließlich. Und damit war es beschlossene Sache.

Alina drückte auf den Klingelknopf. Dreimal hintereinander. Vielleicht war der alte Schmidt ja schwerhörig. Konnte man ja nicht wissen. Kurz darauf wurde die Wohnungstür geöffnet.

Der Alte von nebenan | 2/3

„Ah, die Alina. Du gehst mir also ab sofort zur Hand“, grinste der Nachbar, als er sah, wer vor der Tür stand.
Alina nickte und starrte dabei auf ihre Schuhe. Nur nicht zu viel Begeisterung zeigen!
„Komm doch erst mal rein“, forderte Herr Schmidt sie auf und winkte Alina in die Wohnung.
Der alte Mann schlurfte hinter seiner Gehhilfe her und bog in den ersten Raum rechts ab. Alina folgte ihm. Dabei sah sie sich neugierig um. Der Flur sah genauso aus, wie sie sich das vorgestellt hatte: Überall standen Alte-Leute-Möbel. Braun. Voll altmodisch. Auf der Kommode neben der Garderobe lag eine Häkeldecke. War ja klar! Und in der Küche war es nicht viel besser. Auf dem Herd stand sogar so ein alter, zerbeulter Wasserkessel. Der gehörte ja wohl besser in ein Museum.
„Willst du etwas trinken?“, fragte Herr Schmidt und ließ sich umständlich auf einen Stuhl sinken.
Alina schüttelte den Kopf.
„Gut, dann sprechen wir über deine Aufgaben“, meinte der Alte.
„Ich schreibe dir immer montags eine Einkaufsliste. Und eine Liste mit Erledigungen. Dann kannst du dir einteilen, wann du was erledigen willst. Passt das für dich?“
Alina nickte.
„Die Listen kann ich dir ja dann einfach schicken“, überlegt Herr Schmidt.
Schicken? Mit der Post oder was? Hatte der einen Knall?
„Ich kann mir die Zettel auch holen“, schlug Alina vor.
Herr Schmidt zuckte mit den Schultern.
„Klar. Aber ich dachte als Mail oder aufs Handy geht es schneller.“
Alinas Unterkiefer klappte nach unten. Musste sie diesem alten Knacker jetzt auch noch eine Computerschulung oder einen Crashkurs fürs Handy geben? Dazu hatte sie echt keine Lust.
„Nein, lassen Sie mal. Es macht mir nichts aus, kurz bei Ihnen zu klingeln“, sagte sie darum schnell.
Herr Schmidt sah Alina nachdenklich an. Dann fing er an, zu lachen.
„Du denkst, ich kann das nicht“, kicherte er. Ächzend erhob sich der alte Mann und deutete mit dem Kopf zur Küchentür.
„Komm mal mit. Ich glaube, ich muss da etwas klarstellen.“

„Das ist mein kleines Arbeitszimmer“, meinte Herr Schmidt, als er die Tür neben der Küche aufdrückte.
Alina hatte keinen blassen Schimmer, was das jetzt sollte. Der Mann war uralt. Was wollte der mit einem Arbeitszimmer? Wollte er ihr jetzt seine Briefmarkensammlung zeigen? Oder etwas anderes, womit sich alte Leute beschäftigten? Na, gut. Alina sollte auf alle Fälle so tun, als würde sie das interessieren. Sonst käme Herr Schmidt noch auf die Idee, ihr gleich wieder zu kündigen. Und dann konnte sich Alina den Laptop zu Weihnachten abschminken. In Gedanken legte sich Alina bereits Worte zurecht: „Wirklich sehr interessant. Toll machen Sie das. Was Sie so alles haben!“
Herr Schmidt war schon eingetreten, während Alina noch zögernd im Flur stand.

ISBN 978-3-8346-4216-5 | www.verlagruhr.de

„Nicht so schüchtern. Das wird dir gefallen“, rief der alte Mann.
Alina seufzte. Dann trat sie ein. Und wäre beinahe vor Schreck über ihre eigenen Füße gestolpert. Das war ja der Wahnsinn! Alina riss die Augen auf und sah sich staunend in Herrn Schmidts Arbeitszimmer um: Dort gab es drei Schreibtische. Und darauf standen – Computer! Nicht einer. Drei, nein, vier Stück waren auf den Tischen verteilt. Als Herr Schmidt Alinas Erstaunen sah, lachte er laut auf.
„Du dachtest wohl, Computer wären nur was für Leute in deinem Alter, was?“
Alina nickte. Dann schüttelte sie den Kopf. Nein, sie wusste gar nicht, was sie denken sollte.
„Ich war mal IT-Spezialist. Für eine große Firma hier in der Stadt. Ist schon ein paar Jährchen her. Aber ich halte mich gerne auf dem Laufenden.“
Mannomann! Und Alina dachte, sie müsste dem alten Mann einen Computerkurs geben! Herr Schmidt schob seinen Rollator an einen Tisch und griff nach einem Smartphone, das neben dem PC lag. „Ah, da ist es ja. Das hab ich schon gesucht.“
Er warf einen schnellen Blick darauf. Dann ließ er es in der Tasche seiner Strickjacke verschwinden. Anschließend wandte er sich wieder an Alina. „Ich habe gehört, dass du dir einen Laptop zu Weihnachten wünschst. Weißt du schon, welches Modell du willst? Ich kann dich da gerne beraten. Vielleicht kann ich auch ein bisschen Rabatt für dich rausschlagen bei einem Bekannten. Mal sehen. Und wenn du Unterstützung beim Einrichten des Laptops brauchst, helfe ich dir natürlich auch gerne.“
„Das würden Sie echt machen?“, fragte Alina und klang plötzlich ziemlich begeistert.
Herr Schmidt grinste. „Natürlich. Das macht mir Spaß.“
Er tippte sich an die Stirn. „Und ich muss ja auch etwas tun, damit meine grauen Zellen nicht einrosten.“

Als Herr Schmidt Alina eine halbe Stunde später wieder zur Tür brachte, hatten sie alles besprochen, was Alina für den Nachbarn erledigen sollte. Leise vor sich hin summend, ging Alina in ihre eigene Wohnung zurück. In der Küche traf sie auf ihre Mutter. Die war mit Kochen beschäftigt.
„Warst du schon bei Herrn Schmidt?“, fragte sie.
„Mmmhm“, murmelte Alina grinsend.
„So schlimm wird es schon nicht werden“, versuchte ihre Mutter, sie aufzuheitern. „Der alte Mann ist doch eigentlich ganz nett. Und du brauchst ja nur einmal die Woche oder so …“, fing sie an, in Richtung der Bratpfanne zu reden.
„Ich werde da jetzt öfter rübergehen. Und Herr Schmidt ist cool. Danke, dass du mir den Job besorgt hast“, unterbrach Alina sie. Ihre Mutter drehte sich zu ihr um. Als sie ihr erstauntes Gesicht sah, musste Alina laut loslachen.

ISBN 978-3-8346-4216-5 | www.verlagruhr.de

Der Alte von nebenan: Aufgaben

Inhaltliche Erschließung

❶ In der Geschichte gibt es eine Rückblende, also einen Teil, der früher spielt als der Rest. Markiere diesen Abschnitt im Text. An welchen Wörtern erkennst du, dass es sich um eine Rückblende handelt? Unterstreiche die Begriffe farbig.

❷ Am Anfang der Geschichte bezeichnet Alina den Nachbarn als „der Alte", wenn sie an ihn denkt. Später bezeichnet sie ihn ihrer Mutter gegenüber als „Herrn Schmidt". Warum ist das so? Was hat sich verändert? Sprecht in der Klasse darüber.

❸ Beantworte die folgenden Fragen schriftlich:
a) Wie schätzt Alina Herrn Schmidt am Anfang der Geschichte ein?
b) Wodurch werden ihre Einschätzungen bestätigt?
c) Was verblüfft Alina?
Suche auch Textbelege für deine Antworten.

Gesamtverständnis

❶ Alinas Mutter hat Alina einen Job organisiert, damit sie sich an den Kosten für ihr Weihnachtsgeschenk beteiligen kann. Wie findest du das Verhalten der Mutter? Begründe deine Meinung schriftlich.

❷ Warum zögert Alina so lange, bis sie bei Herrn Schmidt klingelt? Was könnte ihr vor Herrn Schmidts Wohnungstür alles durch den Kopf gehen? Schreibe Alinas Gedanken auf.

❸ Alina hat sich in Herrn Schmidt getäuscht. Sie hatte sich von ihren Vorurteilen gegenüber alten Menschen leiten lassen. Hast du dich schon einmal getäuscht und wurdest vom Gegenteil überzeugt? Sprecht in der Klasse darüber.

Weiterführende Aufgaben

❶ In der Geschichte hilft Alina ihrem Nachbarn für Geld. Bei einer sogenannten Nachbarschaftshilfe wird Hilfe unter Nachbarn oft im Tausch angeboten (z. B. Mathenachhilfe gegen Hund Gassi führen). Was könntest du anbieten? Schreibe ein Hilfsangebot auf einen Zettel. Hängt alle Zettel an der Tafel auf. Wer könnte wem aus der Klasse helfen?

❷ Was könnt ihr von älteren Menschen vielleicht lernen? Wo könntet ihr sie um Rat fragen? Sprecht in der Klasse darüber.

ISBN 978-3-8346-4216-5 | www.verlagruhr.de

Die Weihnachtslotterie | 1/3

„Ich bin zu Hause!", rief Simon. Er hatte den ganzen Nachmittag bei Fred verbracht. Dort war Simon gerne. Freds Eltern hatten ein riesiges Haus. Im Wohnzimmer stand schon jetzt ein zwei Meter hoher Weihnachtsbaum. Bei Simon wurde der kleine Baum erst an Heiligabend aufgestellt. Simons Vater holte den Baum immer gemeinsam mit ihm beim Grünabfallplatz der Stadt. Dort entsorgten einige Schulen und große Firmen ihre Bäume immer schon am letzten Tag vor den Weihnachtsferien. Wenn man Glück hatte, fand man ein schönes Bäumchen ganz umsonst. Aber niemals einen solchen Baum wie bei Fred. Nicht nur der Baum bei Fred war teuer und neu. Er hatte auch immer die neuesten Computerspiele. Bestimmt bekam er zu Weihnachten wieder jede Menge Mega-Geschenke. Kein Wunder, Freds Eltern hatten richtig viel Kohle. Das konnte man von Simons Eltern leider nicht behaupten. Seine Eltern mussten ständig rumrechnen. Simons Mutter verdiente nicht viel. Und seit sein Vater vor einem Jahr arbeitslos geworden war, reichte das Geld selten für etwas außer der Reihe. Egal! Simon wollte sich ja nicht beschweren. Aber wenn er an die nächste Klassenfahrt dachte, wurde ihm ganz flau im Magen. Da wussten seine Eltern immer noch nicht, ob sie die bezahlen konnten. Am besten, er zerbrach sich erst den Kopf darüber, wenn es so weit war.

Simon ging in die Küche. Er hatte beim Reinkommen den Briefkasten im Hausflur geleert und die Post mit nach oben genommen. Er legte den Packen Briefe und Werbeprospekte auf den Tisch. Simons Vater, der gerade das Abendessen aufwärmte, drehte sich zu ihm um.
„Na, wie war es bei Fred?", fragte er.
Simon hob nur die Hand und nickte.
„Passt!"
Mehr zu erzählen, darauf hatte er gerade keine Lust. Simons Mutter betrat die Küche. Sie wuschelte Simon durch die Haare.
„Lass das", murmelte Simon und drehte sich weg. Seine Mutter lachte. Dann sah sie die Post auf dem Tisch liegen und griff danach. Simon beobachtete, wie sich die Miene seiner Mutter von Sekunde zu Sekunde veränderte.
„Rechnung, Rechnung, Mahnung, Rechnung", flüsterte sie, während sie Brief um Brief auf den Tisch zurücklegte.
„Immer dasselbe", brummte Simons Vater, der immer noch in der Pfanne herumrührte. Er wischte sich mit einer Hand über den Nacken. Das lag sicherlich nicht daran, dass es ihm am Herd plötzlich zu heiß geworden war. Simon hatte seinen Eltern mit der Post den Abend versaut. Das war ganz klar. Doch plötzlich huschte ein Lächeln über das Gesicht von Simons Mutter. Sie hielt einen Flyer hoch. Der musste sich zwischen den Briefen befunden haben. Simon sah, dass auf der Vorderseite des Flugblattes Sterne, Tannenbäume, Geldscheine und Münzen abgedruckt waren.
„Mal was Erfreuliches. Hier kann man 100 000 Euro gewinnen", sagte sie und legte den Flyer in die Mitte des Tisches. Simons Vater kam mit der Reispfanne und stellte sie daneben.

ISBN 978-3-8346-4216-5 | www.verlagruhr.de

„Lass mal sehen“, meinte er und griff sich den Zettel.
„Die Weihnachtslotterie der Stadt. So viel gab es noch nie zu gewinnen“, staunte er.
Simon war das völlig egal. Aber er freute sich, dass die Laune seiner Eltern sich wieder gebessert hatte. Schnell holte er Teller und Besteck und deckte den Tisch.
Dann setzten sich alle, um gemeinsam zu essen. Während Simons Vater sich Reis in den Mund schaufelte, hatte er das Flugblatt neben seinem Teller liegen und studierte es genau.
„Das wäre echt was“, sagte er mit vollem Mund. „Endlich mal genug Geld, um sich etwas zu leisten. Mal nicht an jeder Ecke sparen müssen.“
Simon nickte. Klar, da hatte sein Vater schon recht.
„Die schreiben, dass der Gewinn noch vor Weihnachten ausgezahlt wird. Da sollten wir echt mitmachen“, überlegte er weiter.
„Ich wüsste ganz genau, was ich mit dem Geld machen würde“, meinte Simons Mutter und sah dabei träumerisch in die Ferne.
„Bestimmt Klamotten kaufen. Oder irgend so eine Luxusreise machen“, lachte Simons Vater.
Mutter rollte mit den Augen. Simon dachte jetzt doch an die Klassenfahrt im Frühjahr. Mit 100 000 Euro war es egal, wie viele Klassenfahrten noch kamen.

Doch seine Mutter hatte an etwas ganz anderes gedacht: „Wir könnten mit dem Geld Simon eine richtig gute Ausbildung bezahlen.“
„Hallo? Welche Ausbildung?“ Simon verstand kein Wort.
„Genau! Etwas richtig Angesehenes. Etwas, womit du später gutes Geld verdienen kannst“, unterstützte jetzt auch sein Vater die Idee.
Simon konnte es kaum glauben. Fingen die jetzt wirklich an, für ihn seine Zukunft zu planen?
„Ich weiß doch noch gar nicht, was ich nach der Schule mal machen will“, warf Simon ein.
Seine Mutter sah ihn an. „Aber wenn wir viel Geld hätten, dann hättest du die freie Wahl. Dann würdest du ein richtig gutes Abi machen. Wir könnten jede Nachhilfe bezahlen. Du könntest auf diese neue Schule am Stadtrand gehen. Für die muss man Schulgeld bezahlen.“
„Mir geht es an meiner Schule gut“, sagte Simon.
Aber seine Mutter ließ sich gar nicht beirren. „Und danach könntest du dann studieren, wo du willst. Wir würden dir eine eigene große Wohnung bezahlen.“
Simon blies seine Backen auf. Was sollte das denn? Das wollte er doch gar nicht.
Jetzt fing wieder Simons Vater an, mitzureden: „Gute Idee. Der Junge könnte Betriebswirtschaft studieren. Mit dem Gewinn könnten wir ihm helfen, eine eigene Firma zu gründen.“
Eine eigene Firma? Hatte der zu viel Weihnachtspunsch getrunken?
Simons Mutter legte ihre Hand auf Vaters Arm und nickte. „Das wäre toll! Oder er studiert Medizin. Und wenn er Arzt ist, unterstützen wir ihn mit dem Geld, damit er sich eine eigene Praxis leisten kann.“
Simon schob geräuschvoll seinen Stuhl

ISBN 978-3-8346-4216-5 | www.verlagruhr.de

zurück. „Ich will aber nicht Arzt werden“, sagte er ziemlich laut.
Seine Eltern beachteten ihn gar nicht. Stattdessen steckten die beiden ihre Köpfe zusammen und lasen sich die Teilnahmebedingungen der Weihnachtslotterie durch.
„Wir müssen unbedingt morgen zur Stadtverwaltung. Davor steht der Stand, an dem man die Lose kaufen kann. Ein Stück kostet fünf Euro“, sagte Simons Mutter und deutete auf den Flyer.
„Du musst doch morgen arbeiten“, gab Simon zu bedenken.
„Hast du eigentlich schon ein Weihnachtsgeschenk für mich?“, versuchte er, das Thema zu wechseln.
Aber seine Mutter ging gar nicht darauf ein. Stattdessen rüttelte sie an Vaters Arm.
„Simon hat recht. Ich kann mich morgen gar nicht um die Weihnachtslotterie kümmern. Das musst du übernehmen.“
Simons Vater kratzte sich am Kopf. „Klar. Mach ich gleich am Vormittag.“
Mutter strahlte ihn an. „Ich habe ein richtig gutes Gefühl. Ich meine, wir müssen ja auch irgendwann mal Glück haben, oder? Mit dem Geld könnten wir Simon auch ein Jahr im Ausland finanzieren. Die Tochter von meinem Chef studiert gerade in London.“
Vater nickte. „Ja, so was macht sich in einer Bewerbung immer gut.“

Simon sprang auf. Dabei fiel sein Stuhl krachend auf den Boden. Simon kümmerte sich nicht darum. Er hielt das keine Sekunde länger aus!
„Hört endlich damit auf!“, zischte er.
Seine Mutter sah ihn erstaunt an. „Was hast du denn? Wir machen uns eben Gedanken. Und jetzt, so kurz vor Weihnachten, da darf man sich doch auch mal was wünschen.“
„Genau, Junge. Wir würden so einen Gewinn in der Weihnachtslotterie allein für dich ausgeben. Das ist doch ...“, fing sein Vater an.
Simon ließ ihn nicht ausreden. Er stemmte seine Hände in die Seiten und richtete sich auf. „Ihr verplant gerade mein ganzes Leben! Habt ihr mal daran gedacht, mich zu fragen, ob ich das eigentlich will?“, fragte er genervt.
„Aber ...“, setzte seine Mutter an.
Simon machte einen Satz zum Tisch. „Ihr gewinnt doch sowieso nicht. Aber, wer weiß, vorsichtshalber ...“
Er riss seiner Mutter den Flyer der Weihnachtslotterie aus der Hand. Dann riss er das Blatt in der Mitte durch. Und noch mal. Und noch mal. Bis er nur noch lauter kleine Schnipsel in der Hand hielt. Die ließ er auf den Tisch fallen.
„Hier. Damit ihr wisst, was ich davon halte. Ich scheiße auf diese Weihnachtslotterie!“
Er drehte sich um und ging zur Küchentür.

Seine Eltern sahen ihm mit großen Augen nach.
„Das war doch gar nicht so gemeint“, sagte Simons Mutter.
„Genau“, meinte sein Vater. „Ist ja egal, was du mal werden willst. Du wirst schon das Richtige machen.“
Simon blieb stehen und drehte sich zu seinen Eltern um. Endlich hatten sie es kapiert!

Die Weihnachtslotterie: Aufgaben

Inhaltliche Erschließung

1. Als Simon nach Hause kommt, spricht er mit seinen Eltern nicht besonders viel. Stattdessen nickt er nur und hebt die Hand. Oder er sagt: „Lass." Warum reagiert Simon so? Notiere deine Antwort.
2. Welche Pläne schmieden Simons Eltern mit dem möglichen Gewinn? Unterstreiche die Stellen im Text und schreibe alle Ideen in der Reihenfolge auf, in der sie in der Geschichte vorkommen.
3. Simons Reaktion auf die Weihnachtslotterie und die Ideen seiner Eltern ändern sich im Laufe der Geschichte. Unterstreiche im Text, wie Simon am Anfang, in der Mitte und am Schluss der Geschichte reagiert.
4. Beantworte folgende Fragen schriftlich:
   a) Denkst du, Simons Reaktionen sind gerechtfertigt?
   b) Wie hättest du an seiner Stelle reagiert?

Gesamtverständnis

1. Wie könnten Simons Eltern am Ende der Geschichte reagieren? Was könnten sie denken und fühlen? Schreibe ihre Gedanken auf.
2. Simons Familie hat nicht viel Geld. Gab es in deiner Familie auch schon einmal Geldprobleme? Wie fühlt sich das an? Sprich mit einem Partner darüber.
3. Haben andere schon einmal über deinen Kopf hinweg etwas für dich geplant? Wie fühlt sich das an? Diskutiert in der Klasse darüber.
4. Wofür würdest du das Geld ausgeben, wenn du in einer Weihnachtslotterie gewinnen würdest? Notiere deine Antwort.

Weiterführende Aufgaben

1. Stelle dir vor, Simon schreibt später noch eine Nachricht an Fred, in der er von seinem Abend berichtet. Schreibe auf, wie Simons Nachricht lauten könnte.
2. Recherchiere im Internet und beantworte die folgenden Fragen schriftlich:
   a) Wo kann man sich als Jugendlicher über Berufsmöglichkeiten informieren?
   b) Welche Berufe gibt es, die dich interessieren?
   c) Was würdest du gerne in zehn Jahren machen?

ISBN 978-3-8346-4216-5 | www.verlagruhr.de

Das Weihnachts-Date | 1/3

Wer, bitte schön, schrieb denn heute noch Zettel? Eleni starrte das Stück Papier in ihrer Hand an.
„Ich steh total auf dich! Wenn du Lust auf ein Date hast, komm heute um 17 Uhr zum Stand mit den Kerzen am Weihnachtsmarkt."
Eleni hatte die Worte wieder und wieder gelesen. Der Zettel war so groß wie ein Post-it. Ein ausgeschnittener und gefalteter Computerausdruck. Keine Handschrift. Als sie eben ihr Heft aus der Schultasche gezogen hatte, war er auf den Boden geflattert. Eleni hatte ihn aufgehoben, auseinandergefaltet und starrte seitdem darauf. Sie hatte keinen blassen Schimmer, von wem er war. Gleichzeitig merkte sie, dass ihr Herz aufgeregt schlug. Jemand hatte sich in sie verliebt! Das fühlte sich gut an. Irgendwie war der Zettel voll süß. Aber warum hatte derjenige sie nicht einfach angesprochen? Oder irgendwie ihre Nummer rausgekriegt und ihr geschrieben? Eleni griff nach ihrem Handy. Sie musste mit jemandem reden. Samira war ihre beste Freundin. Vielleicht hatte sie eine Ahnung, wie Eleni mit dieser komischen Nachricht umgehen sollte.

➤ *Hi Samira, hab eben eine Nachricht bekommen.*

≺ *Gratuliere! Ich bekomme auch andauernd Nachrichten ;-)*

➤ *Hast du einen Clown gefrühstückt? Ich meine einen Zettel!!*

≺ *Okay???*

➤ *Mit einem Vorschlag für ein Date.*

≺ *Und wo ist das Problem?*

➤ *Ich weiß nicht, vom wem der Zettel ist …*

≺ *Dann finde es doch heraus.*

➤ *Und wie, du Superhirn?*

≺ *Kann doch nicht so schwer sein.*

➤ *Tolle Hilfe!*

≺ *Denk doch mal nach.*

Darüber nachdenken, vom wem die Nachricht war? Eleni tat seit Minuten nichts anderes. Gut, dann mal ganz logisch: Der Zettel war in Elenis Schultasche gewesen. Also musste er von jemandem aus der Schule sein. Wahrscheinlich war der Zettelschreiber sogar aus ihrer Klasse. Wer sonst konnte einfach so an ihre Tasche ran, ohne dass sie etwas davon bemerkte?

➤ *Ich glaube, jemand aus unserer Klasse muss es gewesen sein.*

≺ *Da steht jemand auf dich :)*

➤ *Aber wer????*

≺ *Das merkt man doch!*

➤ *Der hätte mich ja einfach ansprechen können. Echt schräg!*

≺ *Und was, wenn die Person Angst vor einer Abfuhr hatte?*

➤ *Jemand, der total schüchtern ist?*

≺ *Das klingt irgendwie fies, so wie du das schreibst.*

➤ *Ilkan??? Oder Andi?? Oh nein!!! Bitte nicht!*

≺ *Quatsch!*

Na, super! Das brachte Eleni nicht weiter. Sie würde wirklich gerne wissen, wer sie toll fand. Sie strich gedankenverloren den Zettel glatt. Was, wenn sie denjenigen gar nicht gut fand? Die Jungs aus ihrer Klasse waren alle Vollidioten. Da käme niemand infrage. Aber vielleicht hatte jemand den Zettel auch irgendwie reingeschmuggelt. Eleni musste einfach wissen, wer den Zettel geschrieben hatte! Ihr Handy leuchtete auf. Eine neue Nachricht von Samira.

≺ *Hallo? Bist du noch da?*

➤ *Ja, ich überlege …*

≺ *Und? Hattest du damit Erfolg?*

➤ *Sehr witzig!*

≺ *Sorry :)*

➤ *Ich glaube, da hat sich jemand in mich verliebt.*

≺ *Ach, echt jetzt? Wie bist du nur darauf gekommen???*

➤ *Ja, ja! Aber das ist echt voll süß!*

≺ *Süß?? Süß sind kleine Hundewelpen …*

➤ *Ich meine, irgendwie romantisch. Wenn ich nur wüsste, wer es ist! Hoffentlich niemand aus unserer Klasse.*

≺ *Geh doch einfach hin. Zu diesem Date, meine ich.*

➤ *Und was, wenn sich da jemand nur einen Scherz erlaubt hat?*

≺ *Dann haust du eben wieder ab.*

➤ *Hm …*

≺ *Hm ja oder hm nein?*

➤ *Du hast recht. Ich mach es.*

≺ *Richtige Entscheidung.*

➤ *Du musst es ja wissen.*

≺ *Jep :)*

➤ *Idiotin! Sag mal, willst du gar nicht wissen, wo das Date sein soll?*

≺ *Naja …*

➤ *Du musst gar nichts mehr sagen. Bist eben nicht so die Romantikerin!!*

Also gut. Eleni würde zu dem Date gehen. Auch wenn sie nicht wusste, was – oder besser gesagt, wer – sie dort erwartete. Die Hausaufgaben mussten warten. Eleni stopfte ihr Handy in die Hosentasche. Zur Not konnte sie ja Samira anfunken. Die würde sie bestimmt retten, wenn sich das Date als Katastrophe herausstellte. In dicker Winterjacke und Mütze machte Eleni sich auf den Weg zum Weihnachtsmarkt in der Innenstadt. Sie entschied sich gegen den Bus. Zu Fuß brauchte sie eine halbe Stunde. Das war genau richtig. Denn Eleni war jetzt schrecklich nervös. Da half Bewegung. Sonst würde sie vielleicht noch verrückt werden. Schon von Weitem strahlten Eleni die Lichter des Marktes entgegen. Ein echt guter Ort für ein romantisches Date. Hoffentlich war der Typ, der dort auf sie wartete, keine totale Niete. In Elenis Bauch kribbelte es wie verrückt. Sie ging durch die erste Budenreihe. Ganz am Ende war der Stand, an dem der geheime Zettelschreiber sie treffen wollte. Eleni blieb in sicherem Abstand neben dem großen Weihnachtsbaum stehen. Den Stand mit

ISBN 978-3-8346-4216-5 | www.verlagruhr.de

den Kerzen hatte sie von hier aus gut im Blick. Blöd nur, dass alle ihre Mützen so tief ins Gesicht gezogen hatten. Aus der Entfernung konnte sie niemanden erkennen. Eleni holte das Handy aus ihrer Tasche.

➤ *Bin gleich da. Mann, bin ich aufgeregt …*

≺ *Wo?*

➤ *Was wo? Im Bauch. Im Kopf. In den Armen. Was weiß ich …*

≺ *Nein, ich meine, wo du bist?*

➤ *Na, auf dem Weihnachtsmarkt.*

≺ *Am Kerzenstand?*

➤ *Nein, ich verstecke mich jetzt erst mal hinter dem Weihnachtsbaum. Mal sehen, ob ich herausfinde, wer er ist.*

Gerade als Eleni auf „Senden" gedrückt hatte, durchfuhr sie ein eigenartiger Gedanke. Woher wusste Samira vom Stand mit den Kerzen? Sie überflog alle Nachrichten von heute. Nichts. Davon hatte sie kein Wort geschrieben! Was lief denn hier ab? Plötzlich tippte ihr jemand auf die Schulter. Eleni fuhr herum.
„He, was machst du denn hier?", rief sie überrascht.
Samira stand hinter ihr. Sie hatte ihren Kopf schief gelegt und grinste sie an. Langsam, ganz langsam ordneten sich Elenis Gedanken. Wie Puzzlesteine. In ihrem Kopf entstand nach und nach das fertige Bild.
„Du warst das? Der Zettel ist …", fing Eleni an.
Samira blickte verlegen auf ihre Schuhspitzen.
„… von mir", flüsterte Samira.
„Aber wieso?" Eleni verstand plötzlich gar nichts mehr.
„Steht doch drauf", meinte Samira.
Eleni sah sie verständnislos an.
„Oh Mann, scheiße. Ich wusste es! Das war eine blöde Idee", stieß Samira hervor, drehte sich um und ging grußlos weg.

Eleni sah ihr einen Augenblick verblüfft nach. Dann endlich fiel bei ihr auch das letzte Puzzleteil an seinen Platz. Jetzt checkte sie es! Samira hatte sich in sie verliebt! Elenis Knie wurden weich. Samira war ihre beste Freundin. Seit Jahren. Sie waren das perfekte Gespann. Sie konnten über alles reden und hatten jede Menge Spaß zusammen.
„Warte!", rief sie Samira nach.
Die blieb tatsächlich stehen und drehte sich zu ihr um. Eleni ging ihr entgegen. Bis sie direkt vor ihr stand. Der ganze Weihnachtsmarkt – all der Rummel um sie herum – war wie wegradiert. Eleni sah Samira an.
„Ich weiß nicht …", stammelte Eleni.
In ihrem Kopf ratterte es. Was erwartete Samira jetzt von ihr? Was sollte sie bloß sagen? Eleni wusste ja nicht einmal, was sie fühlen sollte.
„Ich meine, du bist doch meine Freundin. Also, so meine beste Freundin eben."
Samira sah sie einfach nur an, ohne ein Wort zu sagen.
„Ich muss darüber nachdenken", murmelte Eleni.
Was dabei rauskommen würde, konnte Eleni im Moment nicht sagen. Nur eines wusste sie genau: Sie wollte Samira auf keinen Fall verlieren.

ISBN 978-3-8346-4216-5 | www.verlagruhr.de

Das Weihnachts-Date: Aufgaben

Inhaltliche Erschließung

❶ Finde für jeden Abschnitt der Geschichte eine Überschrift und schreibe sie auf.

❷ In der Geschichte bekommt Eleni einen Zettel mit unbekanntem Absender. Sie chattet mit ihrer Freundin Samira darüber. An welchen Stellen könnte man an Samiras Antworten merken, dass sie vielleicht die geheime Zettelschreiberin war? Unterstreiche die Textstellen.

❸ Was bedeuten folgende Aussagen?
   a) Süß?? Süß sind kleine Hundewelpen …
   b) Sie waren das perfekte Gespann.
   c) Dann endlich fiel bei Eleni auch das letzte Puzzleteil an seinen Platz.
   d) Sie wollte Samira auf keinen Fall verlieren.

   Erkläre die Aussagen schriftlich in zwei bis drei Sätzen.

Gesamtverständnis

❶ Sprich mit einem Partner über die folgenden Fragen:
   a) Warum hat Samira Eleni nicht einfach angesprochen und ihr stattdessen einen Zettel ohne Absender zugesteckt?
   b) Welche Möglichkeiten hätte Samira noch gehabt, um Eleni zu zeigen oder zu sagen, dass sie sich in sie verliebt hat?
   c) Warst du schon einmal verliebt? Hast du derjenigen Person das gezeigt oder gesagt? Wie?

❷ Am Schluss der Geschichte stellt sich heraus, dass sich Samira in ihre Freundin Eleni verliebt hat. Hat euch das Ende überrascht? Wie finde ihr es, wenn sich ein Mädchen in ein Mädchen verliebt oder ein Junge in einen Jungen? Sprecht in der Klasse darüber.

❸ Welche Gefühle und Gedanken könnten Samira beim Schreiben des geheimen Zettels an Eleni durch den Kopf gegangen sein? Schreibe sie auf.

Weiterführende Aufgaben

❶ Samira hat erkannt, dass sie lesbisch ist. Vielen Jugendlichen fällt es schwer, sich zu „outen“, wenn sie homosexuell sind. Bildet Kleingruppen und recherchiert im Internet: Welche Vereine oder Verbände gibt es in eurer Umgebung, in denen man sich als homosexueller Jugendlicher Hilfe suchen kann. Wie wird Jugendlichen dort geholfen? Tragt eure Ergebnisse in der Klasse zusammen.

❷ Werden Eleni und Samira ein Paar? Schreibe die Geschichte weiter.

ISBN 978-3-8346-4216-5 | www.verlagruhr.de

Öko-Weihnachten | 1/3

Ricki rollte mit den Augen. Was war das jetzt wieder? Sein kleiner Bruder Lukas war manchmal einfach nur peinlich!
„Du kannst zum Geschenkeeinpacken doch Zeitungspapier benutzen. Das ist echtes Recycling", erklärte Lukas ihm und deutete auf die Kiste mit dem Altpapier.
„Nee, lass mal", meinte Ricki und wandte den Kopf ab.
Dieses Öko-Getue von Lukas war ihm echt zu viel! Ständig kam er mit irgendeinem Genörgel um die Ecke: Licht ausschalten, mit der Stofftasche zum Einkaufen gehen. Das Umweltgelaber ging Ricki so was von auf die Nerven! Lukas spendete sogar sein Taschengeld, um Robben zu retten oder so. Gut, das war seine Sache. Aber er sollte Ricki gefälligst damit in Ruhe lassen. Er ließ sich doch von seinem kleinen Bruder nicht vorschreiben, womit er seine Weihnachtsgeschenke einpackte! Aber Lukas ließ nicht locker: „Geschenkpapier wird doch sowieso nur weggeschmissen. Dafür sollte man keine Bäume fällen!"
Jetzt kam bestimmt gleich wieder: „Wir haben nur die eine Erde." Am liebsten würde sich Ricki die Ohren zuhalten. Doch zu Rickis Überraschung blieb Lukas still. Stattdessen legte er den Kopf schief. Irgendetwas heckte der aus! Lukas holte tief Luft und stemmte seine Arme in die Seiten.
„Du bist mir noch einen Gefallen schuldig", meinte er und grinste breit.
Ricki stöhnte. Das war ja klar! Lukas hatte ihn letzte Woche gedeckt. Ricki hatte die Schule geschwänzt und war bei Pavel zum Zocken gewesen. Sein kleiner Bruder hatte das mitgekriegt, ihn aber nicht bei ihren Eltern verraten. Und jetzt verwendete dieser Öko-Wicht das tatsächlich gegen ihn!
„Okay, ich nehm Zeitungspapier", lenkte Ricki schnell ein. War ja egal!

Lukas nickte kurz. Dann hob er seine Augenbrauen. „Ich will aber noch mehr von dir. Du musst mich unterstützen."
Das durfte doch nicht wahr sein.
„Was denn noch?", wollte Ricki wissen.
„Wir werden dieses Jahr keinen Weihnachtsbaum haben. Und du wirst mir dabei helfen", informierte Lukas seinen Bruder.
Ricki glaubte, sich verhört zu haben. Verständnislos sah er Lukas an. „Wie bitte?"
„Ganz einfach", fing Lukas an, zu erklären. „Wir entsorgen den Weihnachtsbaum jedes Jahr nach den Feiertagen. Nur damit wir zwei Wochen lang in Stimmung kommen. Das ist Verschwendung."
Na, wenn das alles war!
„In Ordnung. Dann überreden wir Ma und Pa einfach, einen künstlichen Baum zu kaufen. Den kann man mehrere Jahre aufstellen", meinte Ricki gelassen.
Lukas tippte sich an die Stirn. „Denkst du eigentlich auch mal nach? Weihnachtsbäume aus Kunststoff sind total schlecht für die Umwelt. Außerdem werden die meistens in China hergestellt und dann zu uns geflogen. Hast du eine Ahnung, wie viel CO_2 durch den Transport in die Luft gepustet wird und was das für den Klimawandel bedeutet?"
Ricki schüttelte den Kopf. Nein, davon hatte er keine Ahnung.

Öko-Weihnachten | 2/3

„Man kann es aber auch übertreiben“, murmelte er.
„Eben nicht“, fuhr Lukas ihn an. „Wir müssen uns alle etwas anstrengen. Um für eine bessere Ökobilanz zu sorgen.“
Er sah Ricki herausfordernd an. „Und du wirst mir dabei helfen. Sonst verpfeife ich dich.“
Ricki kochte vor Wut. Dieser miese, kleine Erpresser! Außerdem gefiel ihm die Idee seines Bruders ganz und gar nicht.
„Aber Weihnachten ohne Baum ist doch irgendwie blöd“, gab er deshalb zu bedenken.
Lukas zuckte mit den Schultern. „Ich finde Umweltzerstörung viel blöder.“
„Ma wird da nicht mitspielen. Das kann ich dir gleich schon verraten“, versuchte Ricki erneut, seinen Bruder umzustimmen.
„Das glaube ich auch. Darum musst du mir ja helfen.“ Lukas kratzte sich am Kopf. „Entweder wir überreden Ma und Pa gemeinsam …“
„Oder?“, fragte Ricki.
„Na, oder wir überlegen uns einen guten Ersatz für einen echten Weihnachtsbaum. Ohne Plastik und so.“, antwortete Lukas. „Und den präsentieren wir dann unseren Eltern.
Er sah Ricki herausfordernd an. „Denk an deinen Vormittag bei Pavel. Du willst sicher nicht, dass Ma und Pa davon erfahren. Hab ich recht?“

Ricki verzog sein Gesicht. Aber dann gab er sich geschlagen. Er musste seinem kleinen Bruder wohl oder übel helfen. Also fingen die beiden an, Ideen zu sammeln.
„Was hältst du von einem großen Strauß Tannenzweige. Die können wir dann in einen Eimer stellen“, schlug Ricki vor.
„Das ist ja jetzt nicht so viel besser als ein echter Baum“, meinte Lukas.
Ricki schloss die Augen. Kein Baum und keine Zweige? Aber es sollte doch irgendwie wie ein Weihnachtsbaum aussehen. Ihm fiel die letzte Kunststunde in der Schule ein. Da hatten sie eine ewig lange Papierbahn bemalt.
„Ich hab's!“, rief er. „Wir malen einen Weihnachtsbaum auf ein Plakat und hängen es an die Wand.“
Lukas verzog den Mund. „Und wo soll Ma dann ihre heiß geliebten Kugeln hinhängen?“, fragte er.
Ricki stöhnte auf. Lukas hatte recht. Ma würde da auf keinen Fall mitspielen. Das ging also nicht. Es musste was zum Hinstellen und Behängen sein. Da musste sich doch etwas finden lassen! Mit einem Mal wusste er auch wo.
„Komm mit“, forderte er seinen Bruder auf. Ricki lief in den Flur und schnappte sich den Kellerschlüssel vom Schlüsselbrett. Gemeinsam gingen die beiden nach unten. An der Lattentür ihres Kellerabteils hing ein Vorhängeschloss. Ricki öffnete es, schob die Tür auf und winkte Lukas hinter sich her. Er knipste die Glühbirne an, die von der Decke baumelte. Das Kellerabteil wurde in milchiges Licht getaucht. Der kleine Raum war bis unter die Decke vollgestopft.
„Los, wir suchen jetzt nach einem Weihnachtsbaumersatz.“
Die beiden ließen ihre Blicke über die Regale wandern. Dort stapelten sich Kisten,

ISBN 978-3-8346-4216-5 | www.verlagruhr.de

Körbe und alter Krempel. Lukas deutete auf die Bretter, die in der Ecke neben einem Regal lehnten. „Was hältst du davon, wenn wir einen Baum aus dem Holz bauen?“
„Das ist voll viel Arbeit. Dazu hab ich keine Lust“, sagte Ricki genervt. Er lehnte sich gegen eines der Regale. Staub rieselte zu Boden. Ricki hustete. Dann fing er an, zu grübeln. Es musste doch etwas Besseres geben! Irgendwie fand Ricki die Idee seines Bruders gar nicht mehr so schlecht. Wäre ja eine coole Sache, wenn die beiden ihren Eltern mal zeigten, dass sie zusammen etwas auf die Beine stellen konnten.

Und plötzlich fiel Ricki etwas ein! Er hatte doch kürzlich erst ein Foto von einem echt coolen Ersatz-Weihnachtsbaum im Internet gesehen. Er schob sich an Lukas vorbei und griff nach den Holzbrettern. Ricki lehnte Brett für Brett an die Vorderseite des Regals.
„Was machst du da?“, wollte Lukas wissen.
„Wart's ab“, meinte Ricki. Als das letzte Brett aus der Ecke geräumt war, kam das zum Vorschein, was er suchte.
„Hier“, meinte Ricki und zog triumphierend die alte Klappleiter aus Holz nach vorn.
Lukas kniff die Augen zusammen. „Und weiter?“ fragte er.
Mit einem gekonnten Griff zog Ricki die Leiter auseinander. Jetzt stand sie wie ein großes, hohes Dreieck im Raum.
„Kapiert?“, rief er und zeigte auf die Klappleiter.
Lukas bekam große Augen. „Die sieht ja beinahe wie ein Baum aus!“
Ricki nickte stolz. „Genau.“ Dann zog er eine aufgewickelte Wäscheleine aus einer der Kisten im Regal. „Hier. Die binden wir zwischen den Sprossen fest. Dann kann Ma ihre Kugeln auffädeln und dranhängen.“
„Klar, Mann!“, rief Lukas begeistert. „Und die Lichterkette können wir auch um die Leiter wickeln.“
Ricki lachte. „Aha. Eine Lichterkette, die Strom braucht, ist also okay?“
Lukas zuckte mit den Schultern. „Immerhin sparen wir uns jetzt den Baum.“

Ricki und Lukas betrachteten die aufgeklappte Leiter von allen Seiten. Dann horchten sie auf. Auf dem Kellergang waren Schritte zu hören. Kurz darauf tauchte Ma im Kellerabteil auf. „Was macht ihr denn hier?“, fragte sie verblüfft.
„Wir kümmern uns darum, dass Weihnachten voll öko wird“, erklärte Ricki.
„Ihr macht … was?“ Ma schüttelte verständnislos den Kopf.
Lukas nahm sie am Arm und zog sie direkt vor die Leiter.
„Das ist unser Weihnachtsbaum für dieses Jahr!“, sagte er und breitete die Arme aus.
„Das ist jetzt aber nicht euer Ernst, oder?“, wollte Ma wissen.
„Doch“, sagten Ricki und Lukas und wie aus einem Mund. Ricki war schon klar, dass sie bei ihren Eltern noch echte Überzeugungsarbeit leisten mussten. Aber das würden sie schon hinkriegen. Er jedenfalls fand den Öko-Baum mittlerweile richtig gut.

Öko-Weihnachten: Aufgaben

Inhaltliche Erschließung

❶ Beantworte die folgenden Fragen schriftlich:
  a) Wobei soll Ricki seinen Bruder unterstützen?
  b) Warum hilft er Lukas schließlich?
  c) Findest du in Ordnung, wie Lukas Rickis Hilfe einfordert?
  d) Irgendwann findet Rick die Idee von Lukas sogar ziemlich gut. Warum?

❷ In der Geschichte erklärt Lukas, warum ein künstlicher Weihnachtsbaum keine Alternative zum Tannenbaum ist. Welche Argumente hat er? Schreibe sie auf.

❸ Ricki und Lukas haben am Ende der Geschichte eine genaue Vorstellung, wie der „Leiter-Baum" aussehen soll. Zeichne eine Skizze von diesem besonderen Weihnachtsbaum.

❹ Wie könnten Ricki und Lukas ihre Eltern von ihrer Baumidee überzeugen? Wie könnten die Eltern reagieren? Schreibe einen Dialog dazu.

Weiterführende Aufgaben

❶ Ricki und Lukas haben einen originellen Weihnachtsbaum erfunden. Welche umweltfreundlichen Alternativen zu einem gewöhnlichen Weihnachtsbaum gibt es noch? Entwickelt in Kleingruppen eigene Ideen für alternative Weihnachtsbäume.

❷ Lukas engagiert sich für Umweltschutz. Recherchiere im Internet, welche Vereine oder Verbände es in eurer Umgebung gibt, in denen man sich als Jugendlicher für die Umwelt einsetzen kann. Tragt eure Ergebnisse in der Klasse zusammen.

Gesamtverständnis

❶ Ricki findet Weihnachten ohne Weihnachtsbaum blöd. Was gehört für euch zu Weihnachten? Worauf würdet ihr nicht verzichten wollen? Sprecht in der Klasse darüber.

❷ Lukas erpresst seinen älteren Bruder. Ricki nennt Lukas „Öko-Wicht". Wie würdest du ihr Verhältnis beurteilen? Beantworte die Frage schriftlich. Finde auch Belege im Text.

❸ Lukas möchte die Umwelt schützen, Ricki findet das übertrieben. Wie wichtig findest du Umweltschutz? Bildet in der Klasse eine Meinungslinie und positioniert euch zwischen „sehr wichtig" auf der einen Seite des Raumes und „gar nicht wichtig" auf der anderen Seite. Begründet, warum ihr eure Position gewählt habt.

ISBN 978-3-8346-4216-5 | www.verlagruhr.de

Gut gemeint ... | 1/3

Zum Abendessen gab es Nudelauflauf. Den mochte Fabian eigentlich echt gerne. Aber heute war ihm der Appetit vergangen. Nach Olafs Worten rauschte es in seinen Ohren. Das war wieder so was von klar! Weihnachten stand vor der Tür. Da brauchten die ganzen Idioten mal wieder ein gutes Gefühl!
„Wie jedes Jahr findet die Spendenveranstaltung im Rathaus statt. Wir werden dort am dritten Advent gemeinsam hingehen.“
Olaf, der Leiter der Heimgruppe, sah in die Runde. Dann fuhr er fort: „Einige von euch können ja Weihnachten nach Hause. Aber für diejenigen, die Weihnachten hier in der Gruppe sein werden, gibt es kleine Geschenke. Die sind wie immer von Firmen aus der Stadt gestiftet.“
Fabian schlug mit der Faust auf den Esstisch.
„Ich habe keinen Bock auf den Scheiß!“, brüllte er und sprang auf.
„Jetzt beruhig dich mal wieder. Ist doch nicht schlecht, wenn du ein Geschenk bekommst. Wer weiß, vielleicht sind ja dieses Jahr ein paar coole Sachen dabei“, rief Olaf, der Gruppenleiter, ihm hinterher.
„Du und diese Firmentypen, ihr habt doch echt keine Ahnung!“, fauchte Fabian, als er aus dem Esszimmer lief. Er wollte nur noch seine Ruhe. Fabian riss seine Zimmertür auf und knallte sie hinter sich zu. Er ließ sich bäuchlings aufs Bett fallen und vergrub sein Gesicht im Kissen.

Seit drei Jahren wiederholte sich vor Weihnachten immer wieder der gleiche Scheiß. Jedenfalls für Fabian. Denn genau so lange wohnte er jetzt hier. In der betreuten Wohngruppe am Birkenhain. Er konnte sich noch genau an seinen ersten Tag hier erinnern. Es war Dezember. Damals war er elf. Die Frau vom Jugendamt hatte ihn zu Hause abgeholt und hergebracht. Olaf war an diesem Tag auch da.
„Es kann sein, dass du erst mal ein bisschen Heimweh hast. Das haben alle, wenn sie hier ankommen“, hatte er zu Fabian gesagt, nachdem er ihm sein Zimmer gezeigt hatte. Und Olaf hatte recht behalten. Fabian hatte sich an seinem ersten Abend in der Gruppe in den Schlaf geheult. Aber er hatte mit niemandem darüber gesprochen. Trotzdem hatte Olaf bemerkt, dass es Fabian nicht gut ging.
„Ich hoffe, du fühlst dich hier bald wohl“, hatte er Fabian ermutigt.
Mittlerweile hatte sich Fabian daran gewöhnt, ein „Heimi“ zu sein. Die Gruppe war irgendwie so was wie sein Zuhause geworden. Aber nicht richtig. Denn zu Hause war er ja eigentlich bei seiner Mutter. Doch dort konnte er nicht wieder hin.
Fabians Mutter trank. Ziemlich viel. Das bekam sie einfach nicht in den Griff. Sie war eigentlich immer betrunken und kaum ansprechbar. Sie konnte sich nicht mal um sich selbst kümmern. Und um ihren Sohn schon gar nicht. Deshalb hatte Fabian auch einen Vormund. Der hatte bestimmt, dass er nicht mehr bei seiner Mutter wohnen konnte. Und dass er bis auf Weiteres hier in der Gruppe leben musste. Gelegentlich traf sich Fabian mit seiner Mutter in einem Café. Oder, wie letzte Woche, auf dem Weihnachtsmarkt. Aber da hatte sie dann

einen Glühwein nach dem anderen gekippt. Das hatte Fabian echt fertiggemacht. Doch davon konnte er kaum jemandem erzählen. Die in der Schule würden das nicht verstehen. Und die anderen in der Gruppe hatten ihre eigenen Probleme. Nur mit Olaf sprach Fabian manchmal darüber. Über seine Wut. Darüber, dass er seine Mutter liebte und gleichzeitig hasste. Darüber, dass sie trank und sich nicht um ihn kümmerte.

Es klopfte an Fabians Zimmertür. Olaf steckte seinen Kopf herein.
„Hast du dich wieder beruhigt?", fragte er.
Fabian presste sein Kissen rechts und links auf seine Ohren.
„Es gibt noch Nachtisch. Wenn du willst, komm einfach wieder rüber", hörte er Olafs Stimme leise durch eine Wand aus Federn.
Fünf Minuten später betrat Fabian dann doch wieder das Esszimmer. Olaf nickte ihm zu. Aber ansonsten ließ er ihn in Ruhe. Auch die anderen, die mit Fabian in der Gruppe wohnten, beachteten ihn nicht weiter. Schweigend nahm Fabian sich Pudding und setzte sich wieder an seinen Platz. Als das Abendessen zu Ende war, stoben alle auseinander. Einige machten Küchendienst. Andere sahen fern. Wieder andere erinnerte Olaf, ihre Hausaufgaben noch fertig zu machen. Fabian stand auf und trug seinen Teller in die Küche.
„Kommst du bitte noch mal", forderte Olaf ihn auf.
Fabian trottete missmutig ins Esszimmer zurück und ließ sich neben Olaf auf einen Stuhl fallen.
„Was?", sagte er und verschränkte die Arme vor der Brust.
„Erzähl. Was hat dich vorhin so genervt?", fragte Olaf und legte den Kopf schief.
Fabian schwieg. Olaf auch. Nach einer Weile fing Fabian an, auf seinem Stuhl herumzurutschen. Dann platzte es aus ihm heraus: „Immer kurz vor Weihnachten erinnern sich alle daran, dass es uns arme Heimkinder gibt. Und dann bekommen sie schrecklich Mitleid. Das ist doch Kacke!"
Fabian schielte zu Olaf. Bestimmt würde er ihm gleich widersprechen. Aber das konnte er vergessen! Schnell sprach Fabian weiter.

„Es ist doch echt für'n Arsch. Da wird vor Weihnachten auf die Tränendrüse gedrückt. Oh, da gibt es arme Kinder. Und denen muss man helfen! Das klappt super mit uns Heimis. Da kann man sein schlechtes Gewissen beruhigen! Schon klar, das ist immer so richtig gut gemeint. Kapieren die nicht, dass gut gemeint das Gegenteil von gut ist?", rief Fabian aufgebracht.
„Aber ohne mich! Ich will diese blöden Spenden nicht", zischte er. Jetzt war er so richtig in Fahrt! Olaf klappte den Mund auf. Doch Fabian hatte noch mehr zu sagen: „Und ich will auch nicht, dass mich bei der Spendenübergabe alle ansehen. Und dann die Penner von der Zeitung noch ein Foto machen. Wie die ach so tollen Spender ihre Geschenke übergeben. Und die armen Heimkinder dankbar in die Kamera lächeln. Beschissen ist das!", fuhr Fabian fort.
Olaf beugte sich nach vorn und stützte die Arme auf seinen Knien ab.

ISBN 978-3-8346-4216-5 | www.verlagruhr.de

„Hör mal, Fabian ...“
Aber Fabian unterbrach ihn einfach:
„Das ganze Jahr über interessieren die sich doch einen Dreck für uns. Da muss ich alleine damit klarkommen, dass ich hier lebe. Obwohl ich viel lieber zu Hause wäre. Von denen kann sich doch niemand vorstellen, wie das ist, wenn man Weihnachten nicht mit seiner eigenen Familie verbringt“, sagte Fabian und klag dabei ganz atemlos.

Olaf wollte etwas entgegnen.
„Jetzt halt mal die Luft an, Fabian“, meinte er. Aber Fabian ließ ihn gar nicht erst zu Wort kommen. Er war noch nicht fertig!
„Jetzt gibt es Geschenke für alle. Für die Weihnachtsstimmung. Die denken, damit machen sie Weihnachten zu einem tollen Fest für uns. Aber Weihnachten ist die schlimmste Zeit im ganzen Jahr! Ich weiß, dass meine Mutter da besoffen in irgendeiner Kneipe abhängt.“ Fabian blinzelte. Seine Augen brannten. Im Hals hatte er plötzlich einen dicken Kloß. Mühsam schluckte Fabian ihn hinunter. Dann sprach er weiter: „Und wo mein Vater ist, weiß ich gar nicht. Denn den hab ich zuletzt gesehen, als ich zwei war. Und ich sitze hier in der Gruppe rum. Und feiere mit den Betreuern, die an Weihnachten Dienst haben. Das ist zum Kotzen! Aber das wollen die lieben Spender gar nicht hören. Die wollen nur ein nettes Dankeschön, weil sie so großzügig waren. Und dann wollen sie wieder verschwinden und gefälligst in Ruhe gelassen werden.“

Fabian zog die Nase hoch. Er presste die Lippen aufeinander. Dann murmelte er: „Ich bin doch kein Weihnachtsprojekt!“

Irgendwie fühlte Fabian sich mit einem Mal ganz leicht. Jetzt hatte er all das gesagt, was die ganze Zeit in seinem Kopf herumspukte. Nur eines musste er noch loswerden.
Fabian atmete tief ein. „Ich geh da nicht hin. Auf keinen Fall!“
Jetzt konnte Olaf mit seinem Vortrag anfangen. Damit, Fabian zu überreden, doch mitzugehen. Und ihm zu erklären, dass die Spender doch wirklich etwas Gutes tun wollten. Und dass Fabian doch Verständnis haben sollte. Darum setzte er noch einmal nach: „Wirklich. Ich geh nicht mit zu diesem Spendenscheiß.“
Fabian sah Olaf abwartend an. Olaf erhob sich langsam von seinem Stuhl. Er legte Fabian eine Hand auf die Schulter und sah ihm in die Augen. Dann nickte er und sagte: „Verstehe. In Ordnung.“
Fabian traute seinen Ohren nicht. „Was?“, fragte er verblüfft.
„Du musst nicht mit. Das ist in Ordnung. Ich versteh dich. Du willst nicht als armes Heimkind dargestellt werden. Würde ich an deiner Stelle wahrscheinlich auch nicht wollen.“ Olaf lächelte ihn an.
Wow, damit hätte Fabian nun wirklich nicht gerechnet.

Gut gemeint ...: Aufgaben

Inhaltliche Erschließung

❶ Beantworte die folgenden Fragen schriftlich:
  a) Wie lange lebt Fabian schon im betreuten Wohnheim?
  b) Wie alt war Fabian, als er in die Einrichtung kam?
  c) Was fühlte er an seinem ersten Abend dort?
  d) Warum lebt Fabian im Heim? Wer hat das entschieden?
  e) Wer hat in der Gruppe Verständnis für ihn?

❷ Finde für jeden Abschnitt der Geschichte eine passende Überschrift und schreibe sie auf.

❸ Am Ende der Geschichte ist Fabian erstaunt, dass Olaf ihm nicht widerspricht. Unterstreiche die Stellen im Text, an denen Fabian Olaf nicht zu Wort kommen lässt.

Gesamtverständnis

❶ Was ist mit folgenden Aussagen von Fabian gemeint?
  a) Da wird vor Weihnachten auf die Tränendrüse gedrückt.
  b) Kapieren die nicht, dass gut gemeint das Gegenteil von gut ist?
  c) Ich bin doch kein Weihnachtsprojekt!
  Erkläre die Aussagen schriftlich in zwei bis drei Sätzen.

❷ Fabian findet die Spendenaktion für Heimkinder vor Weihnachten schrecklich. Beschreibe in fünf Sätzen, was Fabian daran so schlimm findet.

❸ Wie findet ihr es, dass viele Menschen gerade vor Weihnachten spenden? Ist das eurer Meinung nach gut? Was muss man beim Spenden vielleicht beachten? Diskutiert in der Klasse darüber.

Weiterführende Aufgaben

❶ Wie stellst du dir eine Heimgruppe vor? Recherchiere mit einem Partner dazu im Internet. Stellt eure Ergebnisse in der Klasse vor.

❷ Fabian würde gerne bei seiner Familie leben, obwohl die alles andere als eine Wunschfamilie ist. Wie würde deine „Wunschfamilie" aussehen? Mache dir Notizen zu den folgenden Fragen:
  a) Welche Familienmitglieder würden zu deiner Wunschfamilie gehören?
  b) Wie würden alle miteinander umgehen?
  c) Wo würdet ihr wohnen?
  d) Was würdet ihr gemeinsam machen?
  Stellt euch in der Klasse gegenseitig eure „Wunschfamilien" vor. Diskutiert, ob es so eine perfekte Familie in der Realität überhaupt gibt.

ISBN 978-3-8346-4216-5 | www.verlagruhr.de

Die „Glückswoche“ | 1/3

Montag

Entsetzt starren alle aus der Klasse Herrn Richter an. Von der quirligen Vorfreude, die sonst kurz vor Schulschluss in der Klasse herrscht, ist nichts mehr zu spüren. Es ist so still, dass man eine Stecknadel fallen hören könnte.

„Wie? Was für ein Unfall?“, fragt Aylin. Sie ist die erste, die ihre Sprache wiederfindet.

Herr Richter räuspert sich. Es ist ihm anzusehen, wie sehr ihn die Nachricht mitnimmt. „Zoe wurde heute Morgen auf dem Weg zur Schule von einem Auto erfasst. Die Straße war glatt. Der Fahrer hat wohl die Kontrolle über seinen Wagen verloren.“

Herrn Richters Stimme zittert ein bisschen. Er holt tief Luft, bevor er weiterspricht. „Zoe wurde über die Motorhaube geschleudert und ist auf der Straße gelandet. Sie liegt jetzt im Krankenhaus. Ihr Vater hat vorhin in der Schule angerufen.“

„Oh nein!“, keucht Ella.

„Sie ist im Krankenhaus? Ich hasse Krankenhäuser“, ruft Justin.

„He! Es geht um Zoe und nicht um dich. Bloß, weil ihr gestern Streit hattet, musst du jetzt nicht so blöde Sprüche machen“, zischt Ella ihn an.

Herr Richter seufzt. „Bisher ist Zoe nicht ansprechbar. Sie liegt im Koma.“

„Und ich dachte, sie macht einfach nur blau“, flüstert Aylin und legt eine Hand an die Stirn.

„Das ist ja Wahnsinn! In fünf Tagen ist doch Weihnachten“, murmelt Ella.

Justin wirbelt herum und sieht Ella mit großen Augen an. „Was hat das denn damit zu tun?“

Ella zuckt mit den Schultern. „So was darf doch an Weihnachten nicht passieren. An Weihnachten sollten alle glücklich sein.“

Justin tippt sich an die Stirn. „Du glaubst wohl auch noch an den Weihnachtsmann?“, fragt er verächtlich.

„Naja, Weihnachten ist jedenfalls das Fest der Hoffnung. Wir sollten jetzt alle mal das Beste für Zoe hoffen“, mischt sich Herr Richter ein.

„Irgendwie hat Weihnachten ja auch was mit Engeln zu tun, oder? Und wo, bitte schön, war Zoes Schutzengel heute?“, fragt Aylin.

Herr Richter senkt den Kopf. „Es ist jetzt Schulschluss. Wir sehen uns morgen. Wenn ich mehr weiß, informiere ich euch.“

Dienstag

Kaum hat Herr Richter das Klassenzimmer betreten, prasseln die Fragen der Schüler auf ihn ein.

„Wie geht es Zoe?“

„Ist sie schon aufgewacht?“

„Lebt sie noch?“

„Was fehlt ihr?“

Herr Richter hebt die Hand und wartet, bis alle ihm zuhören. „Es gibt noch nichts Neues. Tut mir leid.“

„Aber wir können doch jetzt nicht einfach in der Schule rumsitzen und so tun, als wäre nichts. Wir müssen doch irgendwas tun!“, ruft Ella.

Viele nicken.

„Wir könnten ein Foto von uns allen machen. Und ihre Eltern bitten, es ins Krankenhaus mitzunehmen. Dann sieht sie, dass wir an sie denken, sobald sie aufwacht“, schlägt Aylin vor.

Damit sind alle einverstanden. Das Foto ist schnell gemacht. Aylin und Ella wollen es nach der Schule im Fotoladen ausdrucken. An Unterricht ist danach aber trotzdem nicht zu denken. Niemand kann sich so richtig auf den Stoff konzentrieren. Nicht mal Herr Richter. Als er sieht, dass Ella statt Zahlen Engel in ihr Matheheft malt, seufzt er nur leise.

Mittwoch

Der Gesichtsausdruck von Herrn Richter ist irgendwie entspannt, stellt Aylin fest, als sie am Morgen das Klassenzimmer betritt.

„Ich habe gute Nachrichten“, fängt er auch gleich an, als alle sitzen.

„Zoe ist wieder wach. Sie hat einige Knochenbrüche. Aber sie wird wieder gesund werden.“

Viele in der Klasse atmen hörbar auf. Ella laufen Tränen der Erleichterung übers Gesicht. Aber niemand macht deshalb einen blöden Spruch.

„Können wir sie jetzt endlich besuchen?“, fragt Justin.

„Ich muss mich bei ihr für unseren Streit entschuldigen“, flüstert er noch. Aber so, dass es kaum jemand hören kann.

Herr Richter sieht ihn freundlich an, schüttelt dann aber den Kopf. „Heute auf jeden Fall noch nicht. Zoe braucht Ruhe. Aber morgen könnte es vielleicht klappen.“

Gemurmel setzt ein.

„Denkt daran, dass Zoe sich nicht anstrengen darf. Es können sie höchstens zwei oder drei besuchen. Am besten sprecht ihr vorher mit Zoes Eltern“, meint Herr Richter.

„Ella und ich machen das“, meint Aylin.

Justin hebt seine Hand. „Ich komm auch mit.“

Damit sind alle einverstanden.

Donnerstag

„Sagt ihr Grüße von uns!“, ruft jemand aus der Klasse Justin, Ella und Aylin hinterher. Die drei schweigen, während sie sich zu Fuß auf den Weg ins Krankenhaus machen. Die letzte Stunde haben sie dafür frei bekommen. Niemand hat sich darüber beschwert. Im Gegenteil.

Im Flur der Klinik riecht es sauber und ein bisschen scharf. Vor Zimmer Nummer 138 bleiben Justin, Ella und Aylin einige Sekunden stehen. Sie sehen sich ratlos an. Dann strafft Aylin ihre Schultern und klopft an die Tür. War das ein „Herein“? Sie öffnet, ohne weiter darüber nachzudenken. Die drei betreten das Krankenzimmer. An der Wand stehen drei Betten. Zwei davon sind leer. Im Bett am Fenster liegt jemand. Den Kopf in weißen Verbandmull gewickelt. Ein Bein auf eine Schiene gebettet.

„Zoe?“, flüstert Aylin und tritt ans Bett.

Die Verletzte dreht langsam ihren Kopf. Tatsächlich! Ella schlägt erschrocken eine Hand vor den Mund.

„Sieht echt zombimäßig aus. Ich weiß“, sagt Zoe so leise, dass sie kaum zu verstehen ist.

„Ist doch egal. Hauptsache, du wirst wieder gesund“, meint Justin.

Auf dem Nachttisch neben Zoes Bett steht das Klassenfoto, auf dem alle ihren Daumen nach oben strecken.

ISBN 978-3-8346-4216-5 | www.verlagruhr.de

Freitag

„Oh Mann, du hast echt Pech gehabt“, sagt Ella.
Zoe versucht, den Kopf zu schütteln. Aber es gelingt ihr nicht. Stattdessen verzieht sie ihr Gesicht.
„Kopfschütteln und Lachen geht noch nicht“, erklärt sie heiser.
„Ich sag ja: richtig Pech gehabt“, wiederholt Ella.
„Nein, ich hab Glück gehabt“, meint Zoe.
„Hä?“ Ella kann nicht glauben, was sie eben gehört hat.
„Na, denk mal nach. Ich hätte tot sein können“, erklärt Zoe.
Aylin lächelt. „Stimmt. Und das bist du nicht.“
„Ich bin eben ein Glückspilz“, sagt Zoe und versucht, zu grinsen. Aber heraus kommt nur eine schmerzverzerrte Grimasse.
„Hör auf. Du darfst dich nicht anstrengen“, sagt Justin streng.
„Blödmann“, murmelt Zoe. Aber sie klingt dabei sehr freundlich. Justin lacht erleichtert. „Es tut mir übrigens …“ beginnt er, aber Zoe hört ihm gar nicht mehr zu.

Samstag

In Zoes Zimmer in der Klinik herrscht Gedränge. Die ganze Klasse samt Herrn Richter ist zu Besuch.
„Aber nur für eine Stunde“, hatte der Krankenpfleger gesagt, bevor er gegangen war.
Zoe lächelt.
„Das klappt ja heute schon richtig gut!“, grinst Justin.
Zoe nickt vorsichtig.
„Mensch, du hast uns vielleicht einen Schrecken eingejagt“, sagt einer aus der Klasse.
„Ich mir auch. Aber es ist ja alles noch mal gut gegangen“, sagt Zoe.
Ella greift in einen großen Stoffbeutel.
„Wir haben dir was mitgebracht“, sagt sie und stellt etwas auf Zoes Nachttisch genau vor das Klassenfoto.
Zoe beugt sich ein bisschen zur Seite.
„Ein kleiner Weihnachtsbaum?“, fragt sie.
Ella nickt. „Ja. Weil du ja Weihnachten nicht zu Hause sein kannst. So hast du wenigstens ein bisschen was von Weihnachten, dachten wir. Also, vor allem Justin dachte das“, sagt sie und sieht zu Justin hinüber.
„Dann musst du nicht so traurig sein,“ sagt der und grinst verlegen.
Zoe strahlt ihn an und lässt ihre verbundene Hand über die Äste des Bäumchens gleiten. Oben auf der Spitze des Weihnachtsbaums glitzert ein goldener Stern.
„Vielen Dank. Ich bin gar nicht traurig. Im Gegenteil. Ich bin richtig froh und dankbar. Ich werde bald wieder normal laufen können, haben die Ärzte gesagt. Das ist wie ein Weihnachtsgeschenk“, sagt Zoe.
„Du bist echt nicht unterzukriegen!“, lacht Aylin. „Vielleicht gibt es ja wirklich Engel. Und einer davon hat ein Auge auf dich.“
Zoe zuckt mit den Schultern.
„Ihr habt ja seit Tagen auch alle ein Auge auf mich. Vielleicht seid ihr ja so was wie meine Weihnachtsengel“, flüstert sie.
„Und uns wirst du auch nicht wieder los! Morgen, an Weihnachten, kannst du auf alle Fälle wieder mit uns rechnen“, meint Justin.
Und alle anderen stimmen ihm nickend zu.

ISBN 978-3-8346-4216-5 | www.verlagruhr.de

Die „Glückswoche“: Aufgaben

Inhaltliche Erschließung

❶ Die Geschichte spielt im Laufe einer Schulwoche. Fertige eine Tabelle mit den Spalten „Wochentag“, „Handlungsort“ und „Geschehen“ an.
Trage in Stichpunkten ein:
a) Wo spielt die Geschichte an welchem Tag?
b) Was passiert an welchem Tag?

❷ Einige Dinge ändern sich im Laufe der Geschichte. Was ändert sich nach und nach …
a) … an Zoes gesundheitlicher Situation?
b) … an Justins Verhalten?
Beantworte die Fragen schriftlich.

Gesamtverständnis

❶ Versetze dich in Zoes Situation. Wie würdest du dich an ihrer Stelle fühlen? Schreibe ihre Gedanken und Gefühle auf.

❷ Glück oder Pech? Stellt euch in Partnerarbeit gegenseitig folgende Fragen und notiert eure Antworten in Stichpunkten:
a) Glaubst du, Zoe hat Pech gehabt, so wie Ella das sieht? Warum (nicht)?
b) Denkst du, Zoe hat Glück gehabt, so wie sie selbst das einschätzt? Warum (nicht)?
c) Woran kann man Glück oder Pech erkennen? Empfindet jeder das anders oder gibt es eine allgemeingültige Definition dafür?
d) Findest du den Titel der Geschichte passend? Warum (nicht)?

❸ Nach und nach engagiert sich Zoes ganze Klasse für sie. Habt ihr euch in der Klasse schon einmal für eine gemeinsame Sache eingesetzt? Wenn ja: Wie war das für euch? Sprecht in der Klasse darüber.

Weiterführende Aufgaben

❶ Warst du schon einmal als Patientin oder Besucher im Krankenhaus? Wie würdest du die Atmosphäre dort beschreiben? Was hat dir geholfen, damit die Zeit dort irgendwie in Ordnung war? Sprich mit einem Partner darüber.

❷ Wie könnte der Weihnachtstag für Zoe im Krankenhaus verlaufen? Schreibe die Geschichte weiter.

❸ Mache ein Interview mit einem Partner und notiere die Antworten. Frage nach: Wann bist du glücklich? Ist „Glück haben“ und „glücklich sein“ etwas anderes?

ISBN 978-3-8346-4216-5 | www.verlagruhr.de

Plötzlich Nikolaus | 1/3

Endlich gongte es. Die Schule war aus. Heute war der 5. Dezember. Eigentlich ein Tag wie jeder andere. Aber heute hatte Julia sich vorgenommen, Paul endlich anzusprechen.
„Du packst das schon“, flüsterte Dilara ihr zu, als sie das Klassenzimmer verließ.
Ihr hatte Julia erzählt, was sie vorhatte. Jetzt waren beinahe alle verschwunden. Nur Selma stand noch neben Paul. Aber Dilara hatte Julia versprochen, sie abzulenken.
„Selma, kommst du mal kurz?“, rief sie prompt vom Schulflur aus.
Julia sah, wie Selma und Paul einen Blick wechselten. Dann ging Selma nach draußen. Julia war allein mit Paul im Klassenzimmer. Sie räusperte sich. Dann ging sie auf ihn zu.
„Hast du heute Nachmittag schon etwas vor?“, fragte sie.
Paul sah Julia überrascht an. Dann nickte er. „Ja, ich bin heute im Familienzentrum. Mit meinem kleinen Bruder. Dort feiern sie Nikolaus. Und ich werde helfen.“
„Ach so“, murmelte Julia enttäuscht.
Paul lachte. „Guck nicht so. Das ist jedes Jahr echt schön. Komm doch auch. Die sind immer froh, wenn noch ein paar Hände mehr mit anpacken.“
Julia überlegte einen Moment. Natürlich hatte sie keinen Bock auf eine Nikolausfeier mit irgendwelchen kleinen Kindern. Na gut, so schlimm waren kleine Kinder nicht. Ihr Cousin war erst vier und eigentlich ganz niedlich. Vielleicht sollte sie doch hingehen? Sie wollte Paul so gerne treffen.
„Klar. Gute Idee. Ich bin dabei“, hörte sie sich sagen, noch bevor sie zu Ende darüber nachgedacht hatte.

Um vier Uhr betrat Julia das Familienzentrum im Stadtteil Ost. Hier war ziemlich viel los. Sie sah sich um. Wo Paul wohl war? Plötzlich legte ihr jemand eine Hand auf den Oberschenkel.
„Ich bin Susi. Bist du Frau Nikolaus?“, fragte eine piepsige Stimme.
Julia sah nach unten. Dort stand ein kleines Mädchen. Und sie war ... irgendwie komisch. Sie schob die Hand von ihrem Bein und schüttelte den Kopf. „Nein, ich bin kein Nikolaus.“
Julia sah, dass das Mädchen ihren Kopf hin und her wiegte. Sie kniff verwirrt die Augen zusammen. Alle Kinder hier im Familienzentrum waren irgendwie komisch. Zwei Kinder saßen im Rollstuhl. Ein Junge, bestimmt schon sechs Jahre alt, trug ein Lätzchen um den Hals. Sabber lief ihm aus dem Mund. Ein Mädchen hatte seine Arme um den Oberkörper geschlungen, wiegte sich vor und zurück und summte dabei.
„Die sind ja behindert!“, entfuhr es ihr.
„Genau“, sagte eine Stimme neben ihr.
Paul! Julia hatte ihn gar nicht bemerkt.
„Hast du damit ein Problem?“, fragte er.
Julia merkte, wie sie rot wurde. Sie war hier, um Paul zu treffen. Und sie hatte sich Kinder vorgestellt. Normale Kinder eben. Mit so was hatte sie echt nicht gerechnet!
„Schau mal Lucki, ich glaube, Julia hat es die Sprache verschlagen“, hörte sie Paul sagen. Er winkte einen Jungen zu sich. Er hatte ein rundes, flaches Gesicht und schräg stehende Augen.
Der Junge kam zu ihnen herüber und deutete mit einem Finger auf Julia. „Die kann nicht reden“, meinte er und lachte.

Julia schüttelte heimlich ihre Hände aus und atmete tief durch.
„Ich hab kein Problem damit. Ich war nur ein bisschen ... naja, überrascht“, wandte sie sich an Paul. Dann ging sie in die Hocke und hielt Pauls Bruder die Hand hin. „Hallo. Ich bin Julia. Und ich kann schon reden.“
Lucki musste jetzt noch lauter lachen. „Paul kennt sich ja gar nicht aus!“, rief er und schüttelte Julia die Hand. Dann lief er weg.

Paul lächelte. Anscheinend hatte Julia jetzt alles richtig gemacht.
„Komm“, sagte er und zog sie mit sich. Er zeigte ihr das Familienzentrum. Dann stellte er ihr die Leiterin, Frau Albert, vor.
„Paul hat schon angekündigt, dass du uns bei der Nikolausfeier für unsere ganz besonderen Kinder helfen wirst“, sagte sie.
Julia nickte etwas verlegen. Schließlich schob Paul sie zur Theke am Rand des großen Raums. Auf einem Tisch davor standen Dosen mit Plätzchen.
„Hilfst du mir, die Kekse zu verteilen?“, fragte er.
Julia nickte. „Klar.“
Dabei konnte sie ja wohl nichts falsch machen. Und es war schön, so nah neben Paul zu stehen und mit ihm gemeinsam etwas zu tun. Paul schien es auch zu gefallen. Er warf ihr immer wieder einen Blick zu. Dann biss er grinsend von einer Kokosmakrone ab. Die andere Hälfte hielt er Julia unter die Nase.
„Ich glaube, wir können ruhig mal kosten.“
Julia trat einen Schritt näher an Paul heran. Sie nahm ihm das Plätzchen aus der Hand. Dabei streifte sie seine Finger. Das fühlte sich an, als hätte sie einen Stromstoß bekommen. Ob sie seine Hand nehmen sollte? Hier zwischen diesen ganzen Kindern, die ihr immer noch nicht so ganz geheuer waren? Doch dann wurden die beiden unterbrochen. Frau Albert stellte sich zwischen sie und sprach Paul an.
„Wir haben ein Problem. Herr Weiler, der den Nikolaus spielen sollte, hat gerade abgesagt. Er liegt mit Grippe im Bett.“
„Oh nein!“ Paul riss die Augen auf.
„Lucki hatte sich doch so gefreut.“
Paul deutete mit der Hand auf die vielen Kinder. „Und die anderen auch.“
Die Frau zuckte mit den Schultern. „Ja, das ist wirklich sehr schade. Herr Weiler hatte sich extra ein Kostüm geliehen. Das hängt jetzt bei ihm im Schrank. Tja, dann gibt es wohl dieses Jahr keinen Nikolaus.“
Paul ließ seinen Kopf hängen.
„Mist!“, dachte Julia. Dabei war er eben noch so gut gelaunt gewesen. Es hätte ein so schönes Treffen werden können. Julia musste etwas unternehmen!
„Wo wohnt dieser Herr Weiler?“, fragte sie.
„Nur zwei Straßen weiter. Am Ende vom Tannenring“, antwortete die Frau vom Familienzentrum.
„Okay, ich kümmere mich darum. Es wird einen Nikolaus geben. Versprochen“, sagte Julia und sah dabei Paul in die Augen.
„Was hast du vor?“, fragte er.
„Warts ab“, meinte Julia und rannte los.

Worauf hatte sie sich da bloß eingelassen? Oh Mann! Die Wohnung von Herrn Weiler zu finden, war kein Problem gewesen. Ihn aus dem Bett zu klingeln, auch nicht. Jetzt

ISBN 978-3-8346-4216-5 | www.verlagruhr.de

stand Julia mit dem Nikolauskostüm über dem Arm wieder vor dem Familienzentrum. Ob sie gerade dabei war, sich total zur Idiotin zu machen? Unschlüssig trat sie von einem Fuß auf den anderen. Da wurde die Tür aufgeschoben. Paul kam nach draußen. „Da bist du ja! Mann, das ist wirklich cool von dir, dass du den Nikolaus spielen willst“, rief er und strahlte Julia an. „Ich würde es ja auch machen, aber ich muss bei Lucki bleiben.“
Jetzt gab es kein Zurück mehr. Paul lotste sie unbemerkt an den Kindern durch den Nebeneingang in die Abstellkammer.
„Hier kannst du dich umziehen. Ich sag Frau Albert Bescheid, dass wir anfangen können“, sagte er und schon war Julia allein mit diesem roten Umhang, einer Bischofsmütze und einem weißen Bart mit Gummiband.

Fünf Minuten später war aus Julia ein Nikolaus geworden. Ein kleiner Nikolaus ohne dicken Bauch und mit viel zu langem Umhang. Aber immerhin ein Nikolaus. Frau Albert kam in den Raum. Sie hatte einen Sack mit Süßigkeiten dabei. Und ein Schulheft, das in Goldpapier eingebunden war. Darin standen einige Dinge, die Julia gleich sagen sollte. Sie erklärte ihr, wie der Nikolausbesuch ablaufen würde. Julia nickte nur wie hypnotisiert.
„Bereit?“ fragte sie.
„Nein. Ich hab es mir anders überlegt. Ich mach den Quatsch doch nicht mit“, wollte sie sagen. Aber das schluckte sie hinunter. Stattdessen sagte sie: „Ja, bereit. Lassen Sie uns loslegen.“
Julia straffte ihre Schultern und ging hinter Frau Albert in den großen Raum des Familienzentrums. Dort war es plötzlich ganz still. Alle Kinder saßen auf Stühlen und sahen sie, Nikolaus Julia, mit großen Augen an.

Sie machte ihre Sache gut.
„Hallo, ich bin der Nikolaus“, sagte Julia mit tiefer Stimme zur Begrüßung. Keines der Kinder lachte. Kein Kind deutete mit dem Finger auf sie. Julia war jetzt nicht mehr Julia. Sie war der Nikolaus. Sie las die Sätze aus dem goldenen Buch vor. Und verteilte Süßigkeiten an jedes Kind. Sie war ein richtig guter Nikolaus!
„Jetzt wird der Nikolaus wieder gehen. Wollen wir uns noch von ihm verabschieden?“, fragte Frau Albert schließlich.
„Tschüss, Nikolaus“, sagte Susi.
Lucki winkte und lachte.
Plötzlich stand Paul neben Julia. Er trat so nah an sie heran, dass sie seinen Atem an ihrer Wange spüren konnte. Trotz künstlichem Bart.
„Übrigens habe ich morgen nichts vor. Also keine Nikolausfeier oder so. Wenn du willst, können wir uns treffen“, flüsterte Paul ihr zu. Dann grinste er breit. „Ich meine, ich wollte immer schon mal ein Date mit dem Nikolaus.“
Und dann nahm Paul Julias Hand.
„Ich bringe den Nikolaus mal nach draußen“, rief er seinem Bruder über die Schulter zu. Er hielt ihre Hand! Dafür hatte sich der Nachmittag wirklich gelohnt, fand Julia! Und natürlich für die Verabredung morgen. Vielleicht würde sie ja nächstes Jahr wieder bei der Nikolausfeier mithelfen. Jetzt hatte sie ja schon Übung.

ISBN 978-3-8346-4216-5 | www.verlagruhr.de

Plötzlich Nikolaus: Aufgaben

Inhaltliche Erschließung

❶ Julia möchte sich mit Paul verabreden. Schließlich stimmt sie zu, nachmittags zur Nikolausfeier ins Familienzentrum zu kommen. Sie sagt: „Klar. Gute Idee. Ich bin dabei.“ Meint sie das wirklich so? Unterstreiche im Text, was Julia während des Gesprächs mit Paul denkt.

❷ In der Geschichte begegnet Julia mehreren Personen im Familienzentrum. Beantworte die folgenden Fragen schriftlich:
- **a)** Wie heißt das Mädchen, das Julia beim Eintreten begrüßt?
- **b)** Wie heißt Pauls Bruder?
- **c)** Wie heißt die Leiterin des Familienzentrums?
- **d)** Wie heißt der Mann, der den Nikolaus spielen sollte?

❸ Wie fühlt sich Julia am Ende der Geschichte? Schreibe ihre Gedanken und Gefühle auf.

Gesamtverständnis

❶ Als Julia die Kinder im Familienzentrum genauer angesehen hat, ruft sie: „Die sind ja behindert!“ Paul fragt: „Hast du ein Problem damit?“ Beantworte die folgenden Fragen schriftlich:
- **a)** Warum könnte Julia so reagiert haben?
- **b)** Glaubst du, Julia hat ein Problem mit behinderten Kindern? Warum (nicht)?
- **c)** Wie ändert sich Julias Verhalten im Familienzentrum mit der Zeit?

❷ Habt ihr Kontakt zu Menschen mit Behinderung? Welche Erfahrungen habt ihr bisher mit behinderten Menschen gemacht? Sprecht in der Klasse darüber.

❸ Hättest du an Julias Stelle auch den Nikolaus für die Kinder im Familienzentrum gespielt? Begründe deine Meinung schriftlich.

Weiterführende Aufgaben

❶ Wie könnte die Verabredung zwischen Julia und Paul am nächsten Nachmittag verlaufen? Wo treffen sie sich? Worüber reden sie? Schreibe die Geschichte weiter.

❷ Stell dir vor, Julias Freundin Dilara fragt am Abend am Telefon, wie ihr Nachmittag mit Paul war. Was wird Julia ihr erzählen? Schreibt in Partnerarbeit einen Dialog. Übt, ihn mit verteilten Rollen zu sprechen, und tragt ihn anschließend der Klasse vor. Achtet auch auf Gestik, Mimik und die Lautstärke eurer Stimme.

ISBN 978-3-8346-4216-5 | www.verlagruhr.de

Vom Weihnachtsmann beklaut? | 1/3

Auf der Eisbahn im Stadtpark war ziemlich viel los. Aber das störte Lilli nicht weiter. Sie fuhr Runde um Runde. Das fühlte sich gut an! Wenn sie Schlittschuhe trug, konnte sie alles um sich herum vergessen. Die Eisbahn stand in der Mitte des Weihnachtsmarkts. In den Buden dort konnte man Punsch und gebrannte Mandeln kaufen. Weihnachtsmusik dudelte aus Lautsprechern. Jemand, der als Weihnachtsmann verkleidet war, hatte sich unter die Menge der Eisläufer gemischt. Mit wehendem, rotem Mantel schob er sich über das Eis. Aber Lilli nahm ihn gar nicht richtig war. Alles, was zählte, war ihre Leichtigkeit. Über das Kunsteis zu schlittern, war ein bisschen wie schwerelos sein.

„Wir gehen jetzt", rief Olga und lehnte sich über die Bande. Saba stand neben ihr und streckte ihre Hand aus. Als Lilli an ihr vorbeifuhr, klatschte sie sie ab.
„Dann bis morgen", rief sie ihren Freundinnen noch über die Schulter hinweg zu. Dann glitt wie weiter. Gleichmäßige Schwünge. Der Kopf frei. Der Körper leicht. Erst als sie nach einer Kurve unsanft angerempelt wurde, tauchte Lilli wieder in die Realität ein.
„He!", entfuhr es ihr.
„Tschuldigung", murmelte jemand und war schon wieder verschwunden. Aus den Augenwinkeln konnte Lilli einen roten Mantel erkennen. Sie taumelte leicht und griff nach der Bande, um ihr Gleichgewicht wiederzufinden. Lilli lehnte sich an die Umrandung der Eisbahn. Na gut, Zeit für eine Pause. Lilli zog ihr Handy aus der Jackentasche. Verblüfft schaute sie auf das Display. Was, schon so spät? Irgendwie hatte sie die Zeit vergessen.
„Schade", dachte sie und stieß sich von der Bande ab.

Lilli setzte sich auf die Bank neben dem Eingang zur Eisbahn und wechselte ihre Schuhe. Vielleicht schaffte sie es ja morgen noch einmal, hierher zu kommen. Aber ob sie sich das noch leisten konnte? Der Eintritt war nicht gerade billig. Lilli stand auf und kramte in ihrer Jackentasche nach der Geldbörse. Verdammt, wo war die denn? Lilli begann, hektisch zu suchen. Eine Jackentasche war leer. In der anderen steckte nur ihr Handy. Sie griff in die Taschen ihrer Jeans. Bis auf ein Papiertaschentuch und ihren Haustürschlüssel konnte sie nichts finden. Mist!

Plötzlich durchzuckte sie ein Gedanke wie der Blitz. Es hatte sie jemand beklaut! Genau! Da war doch dieser Typ, der sie angerempelt hatte. Lilli hatte erst kürzlich gehört, dass das die Masche von vielen Taschendieben war: erst anrempeln und dann unbemerkt Dinge aus der Tasche ziehen. Sie schaute sich alle Leute auf der Eisbahn genau an. Da! Der in dem roten Mantel. Der aussah wie ein Weihnachtsmann. Der war es! Ganz unschuldig sah er aus, wie er sich grinsend an Kindern und Erwachsenen vorbeischlängelte. Das war doch die perfekte Tarnung. So konnte man nicht mal sein Gesicht erkennen. Und wer würden schon den Weihnachtsmann verdächtigen. Lilli nahm

all ihren Mut zusammen und lehnte ihren Oberkörper weit über die Bande in Richtung Eisbahn.
„Hey! Gib mir sofort meine Geldbörse zurück!“, rief sie, als der Weihnachtsmann auf ihrer Höhe war. Lilli bemerkte, wie der Typ sie erschrocken ansah.
„Tu bloß nicht so“, murmelte sie.
Es machte ein schabendes Geräusch, als der Weihnachtsmann bremste. Auf der anderen Seite der Bande kam er einige Meter neben Lilli zum Stehen. Gekonnt schob er sich auf seinen Kufen rückwärts.
„Hast du ein Problem?“, fragte er und zog dabei seinen künstlichen Bart nach unten.

Lilli sah, dass dieser Weihnachtsmann bestimmt kaum älter war als sie.
„Gib es zu: Du hast meine Geldbörse geklaut!“, schrie sie den Typen an.
Der musterte sie einen Augenblick. Dann tippte er sich an die Stirn.
„Sind deine Gehirnzellen eingefroren oder was? Wie kommst du darauf, dass ich dir was gestohlen hätte?“, blaffte er sie an.
Der hatte ja wohl einen Knall!
„Meine Geldbörse ist weg. Und du hast mich vorhin angerempelt. Du hattest also die perfekte Gelegenheit zum Klauen“, sagte Lilli und versuchte, ruhig zu klingen.
„Tut mir leid, aber da täuschst du dich“, sagte der Weihnachtsmann. Er zog seine weißen Kunsthaare wieder nach oben.
Dann warf er Lilli einen genervten Blick zu.
Im nächsten Augenblick war er wieder in der Menge der Eisläufer verschwunden.
„He! Rück jetzt sofort meine Börse raus!“, schrie Lilli quer über die Eisfläche.

Einige Leute schauten neugierig zu Lilli herüber. Eine Frau, die ein Kind an der Hand hielt, kam auf sie zu.
„Kann ich dir helfen?“, fragte sie freundlich.
Lilli zuckte mit den Schultern. „Der Typ da hat mein Geld gestohlen“, murmelte Lilli und deutete auf den Weihnachtsmann mitten auf der Eisbahn.
„Bist du dir sicher?“, fragte die Frau.
Lilli überlegte. „Ich glaube schon.“
„Dann musst du die Polizei rufen“, riet ihr die Frau.
Lilli nickte und entsperrte ihr Handy.

Sie öffnete gerade ihre Telefon-App. Dabei merkte sie gar nicht, dass der Weihnachtsmann wieder herangeschlittert war.
„Was soll das denn?“, fragte er Lilli zornig.
Sie zuckte zusammen. Die Frau mit dem Kind hob ihre Augenbrauen. Dann zog sie ihr Kind hinter sich.
„Sie redet Blödsinn“, wandte sich der Typ an die Frau.
„Glauben Sie, ich wäre noch hier, wenn ich was geklaut hätte? Ein Taschendieb wäre doch längst abgehauen“, versuchte er, sich zu verteidigen.
Die Frau zuckte mit den Schultern. Aber sie wollte sich wohl nicht weiter einmischen.
Jedenfalls nickte sie Lilli kurz zu. Dann zog sie das Kind hinter sich her und verschwand.

„Du kannst doch nicht hier herumschreien, dass ich ein Dieb bin“, fauchte der Weihnachtsmann Lilli an.
Ihre Finger schwebten immer noch über den Zahlentasten ihres Handys. Sie funkelte den Typen böse an. Dann tippte sie 110. Bevor

ISBN 978-3-8346-4216-5 | www.verlagruhr.de

sie auf die grüne Ruftaste drücken konnte, wurde sie plötzlich unterbrochen. Lilli hörte, wie jemand ihren Namen rief.
„Lilli! Lilli!“
Das war doch Saba! Lilli ließ ihr Handy sinken und wandte sich um.
„Hi!“ Saba kam im Laufschritt auf die Eisbahn zu. In ihrer Hand hielt sie einen Gegenstand. Den schwenkte sie über ihrem Kopf.

Atemlos blieb Saba neben Lilli stehen.
„Hier“, sagte sie und hielt ihr etwas Grünes hin.
„Na, wenn das mal keine Geldbörse ist“, hörte Lilli den Weihnachtsmann hinter sich sagen. Und er hatte recht!
„Die muss ich versehentlich eingesteckt haben. Ich war schon beinahe zu Hause, als ich es bemerkt habe“, meinte Saba und lächelte.
„Du hast mir deinen Geldbeutel zum Halten gegeben. Als du dir die Schlittschuhe angezogen hast. Erinnerst du dich? Und da ist er irgendwie in meiner Tasche gelandet“, plapperte Saba weiter.
„Erst wollte ich dir gleich eine Nachricht schreiben. Aber dann dachte ich, am besten bringe ich ihn einfach schnell zurück. Weil du ja noch länger an der Eisbahn bleiben wolltest.“ Saba sah Lilli an.
„Hast du ihn schon vermisst?“, fragte sie.
Lilli merkte, wie ihr heiß wurde. Bestimmt lief sie gerade knallrot an! Hinter ihr lachte jemand kurz und hart auf.
„Ah, und was ist dir sonst noch geklaut worden?“, fragte der Weihnachtsmann spöttisch.
„Du wurdest beklaut?“, wollte Saba erschrocken wissen.
Lilli würde am liebsten im Erdboden versinken. Sie schüttelte den Kopf. „Vergiss es“, nuschelte sie heiser.
„Das muss ich jetzt nicht verstehen, oder?“, fragte Saba nach.
„Ich erklär es dir morgen. Danke, dass du noch mal hergekommen bist, um mir die Geldbörse zu bringen“, sagte Lilli leise und versuchte, Saba anzulächeln.
„Klar. Ich muss aber gleich wieder los“, verabschiedete die sich und winkte noch kurz. Dann war Saba weg.

Wie in Zeitlupe drehte sich Lilli um. Der Weihnachtsmann stand immer noch auf der Eisfläche an der Bande.
„Es ... es tut mir ... also, es tut mir echt leid“, stammelte sie. Dabei starrte sie auf das Handy, das sie immer noch in einer Hand hielt. Mann, das war jetzt echt megapeinlich!
„Aha“, sagte der Weihnachtsmann.
Lilli sah auf. „Wirklich! Das musst du mir glauben.“
Der Weihnachtsmann gab keinen Ton von sich.
„Ich bin Lilli“, sagte sie.
Lilli steckte ihr Telefon ein und streckte ihm die Hand hin. „Darf ich dich als Wiedergutmachung auf eine Tüte gebrannte Mandeln einladen?“, schlug sie vor. „Und warum du als Weihnachtsmann verkleidet bist, würde mich auch wirklich interessieren“, fügte sie verlegen grinsend hinzu.
Lili hoffte wirklich, dass der Weihnachtsmann ihre Entschuldigung annehmen würde.

ISBN 978-3-8346-4216-5 | www.verlagruhr.de

Vom Weihnachtsmann beklaut?: Aufgaben

Inhaltliche Erschließung

❶ Beantworte die folgenden Fragen schriftlich:

a) Mit wem hat Lilli am Anfang der Geschichte die Eisbahn besucht?

b) Warum macht es ihr nichts aus, als die Personen gehen? Woran merkst du das?

c) Warum glaubt Lilli, der „Weihnachtsmann" hätte ihre Börse gestohlen?

d) Wie reagiert der „Weihnachtsmann" auf ihre Anschuldigung?

e) Warum ruft Lilli nicht die Polizei? Was hindert sie daran?

❷ Am Ende ist es Lilli sehr peinlich, dass sie den Mann zu Unrecht beschuldigt hat. Woran merkst du das? Unterstreiche die entsprechenden Textstellen.

Gesamtverständnis

❶ Lilli vergisst auf der Eisbahn alles um sich herum. Ging es dir auch schon einmal so? Wann bist du so richtig abgetaucht? Sprich mit einem Partner darüber.

❷ Eine Frau bietet Lilli ihre Hilfe an. Doch schließlich geht sie wieder. Welche Gründe könnte sie haben? Wie findet ihr das Verhalten der Frau? Sprecht in der Klasse darüber.

Weiterführende Aufgaben

❶ Lilli möchte sich am Ende der Geschichte mit gebrannten Mandeln beim „Weihnachtsmann" entschuldigen. Beantworte die folgenden Fragen schriftlich:

a) Hast du dich schon einmal entschuldigt?

b) Ist dir das leichtgefallen?

c) Wie ist es dir gelungen, die richtigen Worte zu finden?

d) Hat die andere Person deine Entschuldigung angenommen?

e) Welche Gefühle hattest du vor und nach der Entschuldigung?

❷ Glücklicherweise hat sich der Diebstahl, den Lilli vermutet hat, als Irrtum herausgestellt. Was kann man machen, wenn man wirklich Opfer eines Diebstahls wurde? Stellt in Kleingruppen eine Liste mit den richtigen Verhaltensweisen zusammen und stellt sie anschließend der Klasse vor.

ISBN 978-3-8346-4216-5 | www.verlagruhr.de

Was sollen wir schon ausrichten? | 1/3

„Wie? Spenden? Ich hab doch selbst kaum Kohle! Und davon soll ich noch etwas hergeben?“, rief Lea.
Delia, die Klassensprecherin, stand vorn an der Tafel. Es war Klassenstunde. Die fand alle zwei Wochen statt. Die Stunde gestalteten die Schüler selbst. Herr Lehmann, ihr Lehrer, hielt sich raus. Die Sache mit der Spende war Delias Idee gewesen. Und die versuchte sie jetzt der Klasse zu erklären: Zu Weihnachten könnten sie doch gemeinsam etwas spenden. Aber so recht wollte keiner mitziehen.
„Ich kann höchstens drei Euro abdrücken. Wenn das jeder von uns macht, sind das ...“ Joel überlegte.
„He, du Mathe-Ass! 72 Euro!“, rief Vanessa dazwischen.
„Und was sollen wir mit den paar Euro ausrichten? Das lohnt sich ja gar nicht“, meinte Lea.
„Genau. Gebt das Geld einfach mir“, kicherte Nadira.
„Jetzt lasst uns doch mal in Ruhe nachdenken. Ich finde Delias Idee eigentlich gar nicht so schlecht“, mischte sich Alex ein. „Wir könnten doch irgendeine Sammelaktion machen.“
„Und was, bitte schön?“, fragte Lea.
„Ich hab auch noch keine Idee. Aber wir können ja wenigstens versuchen, irgendwas auf die Beine zu stellen“, sagte Alex.

Das Video dauert drei Minuten. Lange genug, um alles Wichtige zu zeigen. Und kurz genug, damit niemand wegklickt. Zu Beginn sieht man eine regennasse Straße. Leise Musik ist zu hören.

„Wem sollen wir überhaupt etwas spenden?“, fragte Lea.
„Ich finde, wir sollten für Wale sammeln. Oder für Eisbären“, schlug Nadira vor.
Joel tippte sich an die Stirn. „Bloß, weil du die so süß findest? Ohne mich.“
„Was haltet ihr davon, wenn wir Geld für etwas in unserer Gegend sammeln“, überlegte Delia.
Viele aus der Klasse nickten.
„Fragt sich nur noch, was das sein könnte“, warf Alex ein.
Es wurde still, während alle angestrengt nachdachten.

Die Kamera zoomt auf ein Schild, das über dem Eingang eines Hauses hängt. „Oase Ostbahnhof“ steht drauf. Dann schwenkt die Kamera. Die Gesichter von Joel und Vanessa erscheinen. Beide lächeln.
„Hier können Kinder aus dem Stadtteil hingehen, wenn ihre Eltern nachmittags arbeiten“, sagt Vanessa.
„Genau. Sie bekommen dann Mittagessen, Hilfe bei den Hausaufgaben und können spielen. Und es kostet nichts. Man muss sich nur anmelden“, fügt Joel an.
„Wir finden die Oase Ostbahnhof voll gut! Aber sie braucht dringend eure Hilfe“, ruft Vanessa.

„Kennt ihr die Oase Ostbahnhof? Da bin ich in der Grundschule immer hingegangen. Ich fand es so cool da. Aber jetzt müssen die wohl bald schließen. Die Räume müssen renoviert werden, aber es fehlt das Geld. Die könnten wirklich Spenden gebrauchen“, meldete sich Joel.

Er erzählte, was diese Einrichtung alles anbot und wie dort Kindern geholfen wurde. Einige aus der Klasse kannten das Haus und nickten.
„Gut, stimmen wir ab. Wer ist dafür, dass wir gemeinsam Geld für das Kinderhaus sammeln?", fragte Delia.
Verblüfft stellte sie fest, dass sich so gut wie alle Hände hoben.
„Dann steht das jetzt also fest", lächelte sie.

Alex läuft durch einen langen Flur.
„Hier seht ihr den Kicker. Der ist bei vielen voll beliebt."
Er öffnet eine grüne Tür. Die Kamera schwenkt in den Raum.
„Das ist der Essenraum. Heute gibt es Spaghetti. Riecht voll lecker. Nur leider ist hier alles ziemlich runtergekommen, wie ihr seht."
Die Kamera schwenkt auf Alex' Gesicht.

„Okay, dann lasst uns jetzt darüber reden, wie wir Spenden auftreiben können", meinte Alex.
Einige Augenblicke blieb es still in der Klasse.
„Auf Kuchenverkaufen oder so einen Mist hab ich echt keine Lust", sagte Lea in die Stille.
„Dann halt doch die Klappe. Wir überlegen, was wir machen wollen, nicht, was wir nicht wollen", knurrte Alex.
„He, seid friedlich", versuchte Vanessa, zu schlichten. „Lasst uns doch mal überlegen, was wir richtig gut können. Bestimmt finden wir dann etwas, womit sich auch Geld auftreiben lässt."
„Chillen!", rief Joel.
Vanessa rollte genervt mit den Augen.

Jetzt kommen wieder Joel und Vanessa ins Bild.
„Wir von der 7c der Grundbachschule finden die Oase Ostbahnhof mega", sagt Joel. „Und wir wollen mithelfen, dass hier Kinder weiterhin hingehen können", fügt Vanessa an.

„Lea, du machst doch voll coole Musik", meldete sich Vanessa zu Wort.
Lea grinste sie an. „Stimmt. Alex und ich basteln immer mal wieder zusammen an Songs."
„Sollen wir jetzt alle singen oder was?", wollte Nadira wissen.
„Vielleicht können wir ja ein Musik-Video machen?", schlug Alex vor.
Lea verschränkte ihre Arme vor der Brust. „Find ich echt bescheuert! Da können dann ja nur die mitmachen, die Musik machen."
„Aber muss denn in dem Video nur Musik sein? Wir könnten doch überhaupt einen Film machen", schlug Vanessa vor.

„Wir zeigen euch mal den Bewegungsraum. Da können die Kinder klettern, toben und boxen", sagt Joel. Vanessa neben ihm macht ein paar lustige Bewegungen dazu. Aber dann wird sie wieder ernst.
„Momentan ist der Raum aber geschlossen. Die Sprossenwände sind inzwischen so alt, dass sie nicht mehr benutzt werden dürfen", erklärt Vanessa traurig.
Das Bild wackelt etwas, als die Kamera den beiden durch den Flur folgt.

ISBN 978-3-8346-4216-5 | www.verlagruhr.de

Ein Spendenvideo! Schnell war die Idee beschlossene Sache. Nadira war letztes Jahr in der Film-AG. Sie erklärte sich bereit, das Drehen und Schneiden des Videos zu übernehmen. Delia notierte an der Tafel, was in das Video alles rein sollte.
„Wir brauchen auf alle Fälle ein Drehbuch", meinte Vanessa. Sie holte einen Block aus ihrer Schultasche. „Und Hintergrundmusik! Das machen Lea und ich", rief Alex. Lea nickte. Dann redeten alle durcheinander. Die Ideen sprudelten nur so aus ihnen heraus.

Die Musik wird lauter. Im Bild ist der große Vorraum des Kinderhauses zu sehen. Dort steht ein geschmückter Weihnachtsbaum. Nach und nach stellen sich immer mehr Leute davor auf: Lea und Delia, Joel und Vanessa, Alex und Nadira.

„Wir müssen den Leuten zeigen, wofür sie spenden", gab Delia zu bedenken.
„Ich frag in der Oase mal nach, ob wir dort drehen können", bot Joel an.
„Die Leute müssen sich was darunter vorstellen können!", betonte Alex.

Alex, Vanessa und Delia treten einen Schritt nach vorn. Sie haben die Hände hinter dem Rücken verborgen. Jetzt führen sie die Arme gleichzeitig über den Kopf nach vorn und entrollen ein großes Plakat.
„BITTE HELFEN SIE DER OASE OSTBAHNHOF" steht in Großbuchstaben darauf.

Plötzlich fiel Delia noch etwas ein: „Wie sollen die Leute überhaupt ihr Geld spenden? Hier bei uns abgeben?"
„Quatsch!", rief Joel. „Das geht doch viel einfacher, wenn die das Geld ans Kinderhaus überweisen."
Alex nickte. „Dann müssen wir uns noch darum kümmern, dass alle die Kontonummer bekommen."
„Meint ihr, da spendet überhaupt jemand?", fragte Nadira.
„Klar. Meine drei Euro werde ich auf alle Fälle dafür hergeben!", lachte Joel.
„Obwohl …, ich hab noch eine viel bessere Idee, wie ich der Oase helfen kann. Und ihr auch!" Joel lachte noch breiter.

Letzte Szene: Joel springt nach vorn. Er grinst breit und zeigt nach unten. „Also helft uns. Spendet! Hier ist die Kontonummer", sagt er. Unten im Bild wird eine Zahlenreihe eingeblendet. „Und alle, die ihre letzten drei Euro selbst brauchen und trotzdem helfen wollen, können sich bei der 7c der Grundbachschule melden!" fügt er hinzu.
Der Rest der Klasse tritt von hinten ins Bild. Die Schüler halten Pinsel, Farbeimer und Werkzeuge in den Händen.
„Wir helfen nämlich beim Renovieren", ruft Joel.
Dann wird die Musik leiser und das Bild verblasst langsam.

Innerhalb von fünf Tagen hatte das Video schon 352 Aufrufe. Auf dem Konto des Kinderhauses waren bereits 520 Euro eingegangen und 15 Helfer hatten sich gemeldet. Weihnachten konnte kommen. Ein so großes Geschenk hatte die Oase Ostbahnhof noch nie bekommen.

ISBN 978-3-8346-4216-5 | www.verlagruhr.de

Was sollen wir schon ausrichten?: Aufgaben

Inhaltliche Erschließung

1. In der Geschichte spielen einige Schüler der 7c eine Rolle. Schreibe alle Namen der handelnden Personen heraus.
2. Beantworte die folgenden Fragen schriftlich:
   a) Von wem kommt die Idee, Spenden zu sammeln?
   b) Wer bringt das Kinderhaus am Ostbahnhof ins Gespräch?
   c) Wer macht den Vorschlag, ein Video zu drehen?
3. Die Geschichte hat zwei Perspektiven. Eine davon erzählt von der Klassenstunde der 7c. Die andere beschreibt das Video, das die Klasse schließlich gedreht hat. Woran erkennst du, welcher Textteil das Video beschreibt? Sprecht in der Klasse darüber.
4. Notiere die Inhalte des Videos in Stichpunkten.

Gesamtverständnis

1. Die Schüler der 7c bringen sich mit ganz unterschiedlichen Fähigkeiten ein. Manche davon werden wörtlich genannt. Manche kann man erkennen, ohne dass sie genannt werden. Erstellt in Partnerarbeit eine Tabelle und ordnet jeder Person passende Fähigkeiten, Talente und Charaktereigenschaften zu, z. B. „kann Filme drehen und schneiden", „kann gut organisieren".
2. Der Titel der Geschichte lautet „Was können wir schon ausrichten?" Was glaubst du, weshalb diese Überschrift gewählt wurde? Welche Botschaft möchte die Autorin mit der Geschichte wohl vermitteln? Notiere deine Antworten. Besprecht eure Ergebnisse anschließend in der Klasse.

Weiterführende Aufgaben

1. Könnt ihr euch vorstellen, auch eine Spendenaktion zu machen? Wem würdet ihr etwas spenden? Schreibt in Kleingruppen ein Mini-Drehbuch für einen Spendenfilm. Überlegt, wer welche Rolle übernehmen kann. Übt eure Rollen ein und dreht einen kurzen Film mit dem Handy.

ISBN 978-3-8346-4216-5 | www.verlagruhr.de

Medientipps

Petra Bartoli y Eckert, Florian Buschendorff, Armin Kaster, Friederike Schmöe, Kurt Wasserfall:
K.L.A.R.-Storys: 16 packende Kurzgeschichten zum Kopieren – mit Aufgaben
Verlag an der Ruhr, 2018
ISBN 978-3-8346-3924-0
Sie möchten das Bewusstsein Ihrer Schüler zu einem gewissen Thema schärfen, haben aber keine Zeit, dies mit einer umfangreichen Lektüre zu tun? Die K.L.A.R.-Storys setzen das bewährte K.L.A.R.-Prinzip, mit kurzen Sätzen, einfacher Wortwahl und großer Schrift, in Kurzform zum Kopieren und mit Aufgaben direkt auf dem Arbeitsblatt um und liefern so die ideale Lösung!
Die Themen des ersten Bandes K.L.A.R.-Storys sind u. a. Mobbing und Cybermobbing, Rassismus, Inklusion, Sucht, Betrug, Social Media, Drogen, Gefahren des Internets, Liebe und Berufsfindung.

Thorsten Steffens:
K.L.A.R.-Taschenbuch:
Dann bleib ich eben sitzen!
Verlag an der Ruhr, 2019
ISBN 978-3-8346-4060-4
„Wenn du dieses Schuljahr wieder sitzenbleibst, kannst du zu Papa ziehen!"
„Super", denkt sich Tim – denn dann muss er gar nicht erst versuchen, sich in der neuen Klasse einzufügen. In ein paar Monaten ist er ja eh wieder weg … Der unüberlegte Satz von Tims Mutter sorgt dafür, dass Tim sich so schlecht wie möglich benimmt. Nur um seine Schwester Kati, die das Down-Syndrom hat, kümmert er sich nach wie vor. Für die Schule hingegen tut Tim überhaupt nichts mehr. Doch das gestaltet sich bald schwieriger als gedacht: Eigentlich sind seine Mitschüler ganz nett und sich auf Dauer dumm zu stellen, ist auch ganz schön anstrengend …

dazu:
Thorsten Steffens:
K.L.A.R.-Literatur-Kartei:
„Dann bleib ich eben sitzen!"
Verlag an der Ruhr, 2019
ISBN 978-3-8346-4061-1
Themenschwerpunkte: Versetzung und Berufswahl, Verantwortung für sich und andere übernehmen, ein Lesetagebuch erstellen

Annette Weber:
K.L.A.R.-Taschenbuch:
Online war er noch so süß!
Verlag an der Ruhr, 2018
ISBN 978-3-8346-3922-6
Madita fühlt sich ausgeschlossen – alle haben einen Freund, nur sie nicht! Ihre große Schwester Nora lernt bei Tinder sogar ständig neue Männer kennen. „Was die kann, kann ich schon lange!", denkt sich Madita und meldet sich mit dem festen Ziel, Jungs kennenzulernen, bei Instagram an. Schnell kommt sie mit „Tobias95" in Kontakt, lässt dank ihrer rosaroten Brille bald alle Vorsicht hinter sich und gibt ihre Telefonnummer heraus. So schreibt es sich schließlich viel bequemer! Morgen werden sie sich das erste Mal treffen – doch wird „Tobias95" im echten Leben genauso süß sein wie online?

dazu:
Annette Weber:
K.L.A.R.-Literatur-Kartei:
„Online war er noch so süß!"
Verlag an der Ruhr, 2018
ISBN 978-3-8346-3923-3
Themenschwerpunkte: Gefahren durch Anonymität im Internet, Dating via Social Media: Instagram, Tinder, WhatsApp & Co., Online-Welt vs. Realität

Armin Kaster:
K.L.A.R.-Taschenbuch:
Real Life – viel krasser als jedes Game!
Verlag an der Ruhr, 2018
ISBN 978-3-8346-3807-6
Leander, Ben, Nino und Jule – Handyjunkies und riesige Minecraft-Fans – fahren auf Klassenfahrt in die Eifel. Dort müssen die Freunde lernen, auch ohne Netzempfang klarzukommen: Sie verirren sich im Wald und besinnen sich in dieser Zeit auf die in Minecraft gelernten Überlebensstrategien. Hunger, Durst und ein Unfall machen allen klar: Das echte Leben ist viel krasser als jedes Game…

Medientipps

dazu:
Jan Wessel:
K.L.A.R.-Literatur-Kartei:
„Real Life – viel krasser als jedes Game!“
Verlag an der Ruhr, 2018
ISBN 978-3-8346-3808-3
Themenschwerpunkte: Minecraft; Handy- und Internetkonsum; Computerspiele vs. Realität; Zusammenhalt von Freunden in einer Extremsituation

Annette Weber, Seif Arsalan:
K.L.A.R. reality-Taschenbuch: Aus Syrien geflüchtet. Ein autobiografischer Jugendroman
Verlag an der Ruhr, 2018
Seif ist 20 und lebt seit fast zwei Jahren als Flüchtling in Deutschland. Als 2011 die Unruhen in Syrien entstehen und sich zu einem schrecklichen Krieg ausweiten, ist Seif gerade 14. Das Leben wird täglich gefährlicher. Seine Mutter und er fliehen über die Türkei und Griechenland weiter nach Deutschland. Die Flucht ist lebensgefährlich und voller schwerer Entscheidungen. Seif muss unglaublich viel Verantwortung tragen, Ängste und Schwierigkeiten bewältigen sowie mit Einsamkeit und Verlust umgehen, bis er schließlich sicher in Deutschland lebt. Hier beginnt eine Geschichte von Integration und Zukunftsplänen: Seif lernt in kürzester Zeit Deutsch und integriert sich gut in seiner neuen Heimatstadt. Er erfährt Hilfsbereitschaft und Unterstützung, aber wird auch mit Vorbehalten, Ausländerfeindlichkeit und bürokratischen Problemen konfrontiert …

Friederike Schmöe:
K.L.A.R.-Taschenbuch:
Jetzt trägt sie auch noch Kopftuch!
Verlag an der Ruhr, 2016
ISBN 978-3-8346-3061-2
Karima und Hanna sind die besten Freundinnen. Doch dann verliebt sich Karima in den streng religiösen Sinan. Hanna hält Sinan für einen Langweiler und auch mit Karima kann sie nichts mehr anfangen: Ihre coole Freundin war bisher nur auf dem Papier Muslima, doch jetzt fastet sie während des Ramadan und trägt Kopftuch! Ist Karima tatsächlich auf der Suche nach ihrer kulturellen Identität oder verbiegt sie sich für Sinan? Die Freundschaft der Mädchen wird auf eine harte Probe gestellt …

dazu:
Karla Seedorf:
K.L.A.R.-Literatur-Kartei:
„Jetzt trägt sie auch noch Kopftuch!"
Verlag an der Ruhr, 2016
ISBN 978-3-8346-3052-0
Themenschwerpunkte: Probleme muslimischer Jugendlicher in Deutschland; religiöse und kulturelle Identitätskonflikte; Toleranz, Freundschaft und Liebe

Petra Bartoli y Eckert, Elisabeth Erl:
K.L.A.R. reality-Taschenbuch:
Gecastet. Ein autobiografischer Jugendroman
Verlag an der Ruhr, 2011
ISBN 978-3-8346-0798-0
„Rockröhre gewinnt DSDS“ – so lautete die Schlagzeile, als Elli Erl 2004 als erste weibliche Kandidatin die Castingshow Deutschland sucht den Superstar gewann. In ihrer Autobiografie „Gecastet“, die sie speziell für Jugendliche geschrieben hat, erzählt sie jetzt von ihrem Leben vor, während und nach DSDS. Ohne Nummer-1-Hits und Starrummel führt Elli heute ein „ganz normales Leben“ mit einem „ganz normalen Job“ als Realschullehrerin – und macht trotzdem erfolgreich Musik. Nicht nur das Superstar-Sein macht also glücklich, seinen Lebenstraum kann man auf vielen verschiedenen Wegen leben: Das ist Ellis Botschaft an ihre jugendlichen Leser.

dazu:
Petra Bartoli y Eckert:
K.L.A.R. reality – Literatur-Kartei:
„Gecastet. Ein autobiografischer Jugendroman“
Verlag an der Ruhr, 2011
ISBN 978-3-8346-0799-7
Themenschwerpunkte: Castingshows; DSDS; Lebensträume; Traum und Realität; Rockmusik; Ruhm

Weitere K.L.A.R.-Romane zu aktuellen Themen mit jeweils passenden Literatur-Karteien finden Sie auf www.verlagruhr.de